「分かりやすい説明」の技術　新装版

最強のプレゼンテーション15のルール

藤沢晃治　著

ブルーバックス

カバー装幀／五十嵐　徹（芦澤泰偉事務所）
カバーイラスト／タケウマ
本文イラスト／さくら工芸社・岩島雅樹
本文・扉・目次デザイン／齋藤ひさの

はじめに

本書は、前作『「分かりやすい表現」の技術』につづく「分かりやすい」シリーズの第二弾の新装版です。本書も前作と同様に、二〇〇二年の刊行当時からネット書店の総合ランキングで第一位になるなど、今に至るまでロングセラーとなっております。長きにわたって本書を支持してくださった読者の皆さまに改めて御礼申し上げます。ちなみに、もちろんシリーズとはいっても前作を先に読んでいただく必要はまったくありません。本シリーズの三部作はお互いに依存しておりませんので、どの順番でお読みいただいても結構です。

さて、前作『「分かりやすい表現」の技術』は、いわば「標示編」でした。おもに道路標識や看板、広告、案内標示など、書いたもの、描いたもので視覚的に意図を伝える「表現の技術」を紹介しました。これに対して本書では、話すことで目の前にいる人々を説得する「説明の技術」に焦点を当てます。いわば「口頭説明編」です。

説明責任の大切さが叫ばれる昨今、私たちにとっても、説明の技術はますます重要なものとなっています。もしかして、あなたは話し下手、説明が苦手で損をしていませんか?

会議で自分の意図をうまく伝えられず、いつも不本意な結果に終わっている。恋人に自分の気持ちを十分に分かってもらえず、いらだつことが多い。部下に指示がうまく伝えられず、思いどおりに動いてくれない。説明下手で、お客様を誤解させたり、怒らせたりしてしまうことが多い。話し下手で友達の輪に入りにくい。分かりやすい授業ができなくて悩んでいる……。

本書は、こんな方々に読んでもらいたい本です。どんなに説明下手な人でも、ポイントを押さえれば必ず説明上手になれます。説明下手だった私の部下の一人に、説明術のポイントを二つ三つアドバイスしただけで、見違えるようにプレゼンが巧くなったという経験があります。その効果は、アドバイスした私自身が驚いたほどで、第1章で詳しく紹介します。

第1章では、みなさんにも思い当たるところが多いであろう「分かりにくい説明」の実例を紹介し、なぜそれが分かりにくいのかを考えます。そこから、そもそも「分かる」とはどういうことなのかを考えてみます。それを明らかにすることで、どうすれば「分かりやすく」説明することができるか、自ずと答えが出てくるはずです。

第2章では「説明術・基礎編」として、簡単に実行でき、しかも効果が大きい七つのポイントを紹介します。「パレートの法則」（八〇対二〇の法則）というものを耳にしたことはあるでしょうか。この法則の骨子は「世の中のたった二〇パーセントの対策が八〇パーセントもの効果を上げ、残りの八〇パーセントの対策は、二〇パーセントの効果を上げているにすぎない」というものです。いきなり、こう言われてもすぐにはピンと来ないでしょう。簡潔に言えば、世の中の対策には、「最も効果的な二〇パーセントが存在する」という意味です。

本書では、この「最も効果的な部分」が第2章の「基礎編」に該当します。「基礎編」と「応用編」とに分けた理由は、時間に余裕のない方は「まずは、基礎編だけでも。応用編は余裕のある時に」という趣旨です。実行が容易でありながら効果が大きい基礎的な説明術だけを第2章に集めました。この「基礎編」の説明術を実行するだけで、「説明の達人になりたい」という目標の八〇パーセントを達成できるはずです。

さらに完璧な説明の達人を目指したい方は、第3章の「応用編」で解説される説明術にも必ず目を通してください。

そして最後の第4章は、チェックポイントのリストにしました。たとえば、あなたが上司から「来週水曜の午後、部内で例のプレゼンをやってください。一時間くらいで」と突然言われたとしましょう。こんな風にあなたが実際に説明する立場になったときには、是非、このリストで万全の用意をして臨んでください。

本書の旧版執筆以前のことですが、私は当時の勤務先メーカーの代表として、国際会議場などの「パシフィコ横浜」で業務用のプレゼンをしたことがあります。数日間にわたる大型のイベントで、国内外のおよそ二〇〇社ぐらいによるプレゼンが実施されました。このイベントでは全てのプレゼンで共通アンケートが実施されました。満足度に関しても集計され、私のプレゼンがなんと第二位でした。本書にはこうした私のプレゼン経験からのノウハウも反映されています。

さて、ロングセラーである本書旧版の趣旨は時代を超えて普遍的なはずです。そうは言っても、新装版刊行にあたり、表現自体が今の時代にそぐわないものは改訂しました。読者のみなさんには、旧作の刊行後に誕生された方も多いでしょうから。また、著者の私自身が旧作を今読んでみても、少し回りくどくて分かりづらい箇所も散見されました。そうした箇所も徹底的に改善し、さらにみなさんに読みやすく大幅にブラッシュアップしたつもりです。

説明上手になれば、周囲の人は、あなたの主張を理解し、同意してくれるでしょう。まるで周囲の人を希望通りに動かす魔法の杖を持ったも同然です。みなさんが本書によってこの人生の魔法の杖を手に入れ、見事、説明の達人になれることを願っております。

藤沢晃治

「分かりやすい説明」の技術　新装版　最強のプレゼンテーション15のルール……目次

第2章 説明術｜基礎編 39

第3章 説明術 応用編 101

第1章

「分かる」とはどういうことか

「分かりやすい説明」をするためには、そもそも「分かりやすい」とは何かがはっきりしていなくてはなりません。

そのため、まず第1章では、身近な「分かりにくい」説明例を挙げ、それがなぜ分かりにくいのかを考えることを通して、分かるとはどういうことかを見極めようと思います。

また、分かる、分からない、の判断は脳がします。そこで、分かるとき、分からないとき、脳が行っている作業を理解することで、分かりやすいとは何かを考えてみましょう。

――重要な報告会

「はじめに」で、説明下手な部下にアドバイスした話を書きました。もう少し詳しく書けば次のような事です。

私が勤める会社では、月に一度、大ホールを半日借り切って各部門の成果や活動状況を発表する定例報告会があります。自分たちの部門が、会社に対して十分に貢献をしていることをアピールする場です。聞き手は関係者二〇〇人程度で役員も出席します。

この報告は部門の将来にかかわります。そこで通常は、管理職がプレゼンテーション（以下、プレゼンと表記）を担当します。しかし時に、目玉となる仕事の直接の担当者が行う場合もあります。

これは単に、直接の担当者のほうが発表者にふさわしいというだけでなく、担当者をいわば社内にデビューさせる目的もあります。また、その担当者をプレゼンに慣れさせる含みもあります。仮にプレゼンに失敗しても、聞き手は自社の社員だけです。社内的には重要な会議ですが、お客様の前で失敗するよりはましなので、この会議がプレゼンの練習の場として利用されることもあるのです。

――簡単で確実な技術

私の部下に、入社二、三年のまだ新人といってよい人がいました。たまたまその部下が開発にかかわった自動翻訳ソフトの売れ行きが好調だったこともあり、次回のプレゼンを担当させることにしました。

本番一週間前に、プレゼンの予行演習をさせてみることにしました。手が空《す》いていそうな職場の数人にも声をかけ、聞き役もそろえました。

ところが予想していたこととはいえ、それこそ目を覆いたくなるようなできばえでした。声は小さい、口調は棒読み、場の空気を読まず一人で勝手に話す、聞き手が理解できているかどうかに無関心……。一〇〇点満点で一五点か二〇点という代物でした。

何しろ本番は一週間後に迫っています。私は焦りました。そこで自分の経験を基に、プレゼンの勘所として部下に三つのアドバイスをしました。

① 各ポイントの冒頭で、その骨子を短く話せ。
② ゆっくりしみ入るように話せ。
③ ポイントを話した直後は「間」を置け。

いずれも本書の第2章で紹介する説明術の基本中の基本です。

さて本番までの一週間に、さらに予行演習を二回させました。たった三つのアドバイスに従っただけで、部下のプレゼン術の向上には目を見張るものがありました。

一回目の予行演習は二〇点ほどでしたが、この三点を意識した二回目は六〇点になりました。さらに練習を重ねて臨んだ三回目のリハーサルは八〇点でした。そして本番でのプレゼンは、ほぼ一〇〇点満点になったのです。

私の持論である「分かりやすい説明は誰でもできる」は実証されたのです。

――分かりにくいアナウンス

このように、「分かりやすい説明」をすることはけっしてむずかしくないはずなのに、世の中には分かりにくい説明があふれています。

現代社会には、円滑な情報の流れが不可欠です。そして情報が円滑に流れるためには、人々の意図がスムーズに通じ合わなくてはなりません。しかし実際に私たちの住む世界では、さまざまな「分かりにくい説明」のため、多くの人が首をかしげ、立ち止まり、とまどっています。

これを人体にたとえれば、情報の流れは血液の流れでしょう。健康にとって、血液がサラサラと流れることが大切であるのと同じです。血液ドロドロ状態では、動脈硬化、脳梗塞、心筋梗塞という深刻な事態に発展しかねません。

たとえば、電車内のアナウンスが分かりにくいと思ったことはないでしょうか。分かりにくい以前に、聞き取れない場合も多いと思います。アナウンスが乗客に危険を事前に知らせるような場合、それが伝わらなければ、時には乗客が危険にさらされることにもなりかねません。

アナウンスしている乗務員は、自分がマイクに向かって話していることが、まったく乗客に伝わっていないことに、気づいてさえいないのではないでしょうか。

電車内のアナウンスが分かりにくいのは、音量だけの問題ではありません。音量は十分なのに、乗務員がボソボソとつぶやくように話すため、聞き取りにくい場合もあります。アナウンサーのような発声は必要ないにしろ、内容が乗客に伝わるように話すことは最低限必要なはずです。

――何を禁じているのか？

また、言葉が聞き取れても、意味が曖昧な場合もあります。

たとえば電車内で「携帯電話の使用はご遠慮ください」と言われたとき、聞き手の年代によって解釈が違ってきます。「電話」と聞けば「話すもの」と考える高齢者から、ＬＩＮＥやゲームや動画観賞のイメージが先に来る高校生までいろいろです。

先日の帰宅時、恐らくスマホでゲームをしていたと思われる高校生二人が「携帯電話の使用はご遠慮ください」のアナウンスを聞いて、「やめたほうがいいのかな？」「話さなけりゃ、いいんじゃない？」とけげんそうでした。

医療機器の誤動作を防ぐため、病院同様に携帯電話の電源を切ることを求めているのか、それとも、空いている車内ではメールやゲームだけならＯＫなのか、迷わないようにアナウンスを工夫している路線もあります。しかし、曖昧なアナウンスを流している路線もまだ多いようです。「ご理解とご協力をお願いします」とアナウンスされても内容を「ご理解」できないので「ご協力」のしようがないわけです。

その一方では「降りる方がすんでから、前の方から順にご乗車ください」などの親切過ぎる（？）アナウンスを聞くこともあります。

再確認させている、という発想かもしれませんが、ムダな気もします。ムダなアナウンスは、他のもっと重要なアナウンスを認識させる妨げになりかねません。

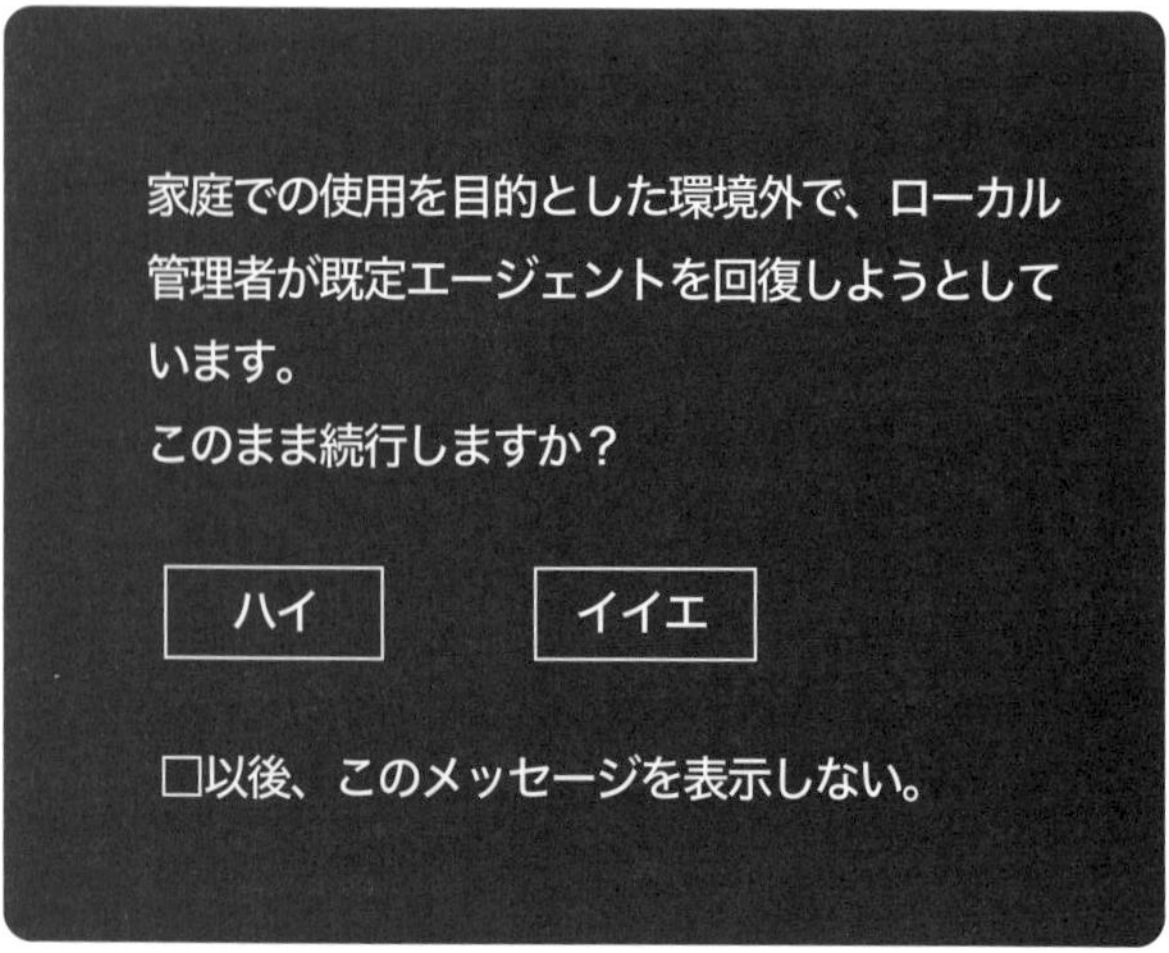
家庭での使用を目的とした環境外で、ローカル管理者が既定エージェントを回復しようとしています。
このまま続行しますか？
ハイ
イイエ
□以後、このメッセージを表示しない。

解釈不能のエラー・メッセージ

——解釈不能のエラー・メッセージ

　私にとってパソコンは、会社の仕事でも執筆でも文房具として欠かせません。たった今も、パソコンのキーボードを叩いています。

　しかしパソコンを使う誰もが経験するとおり、時々突然、何かの警告、あるいは「はい」「いいえ」の選択を迫る文が表示されることがあります。この説明文は、ほとんど例外なしに、何を言っているのかまったく理解することができません。

　メッセージの形式や内容はさまざまです。たとえば私のパソコンで、上図のように表示されたことがありますが、まったく理解できませんでした。

こうしたエラー・メッセージは、次のような理由で分かりにくいのでしょう。

①　元々、英語のエラー・メッセージを技術者が近視眼的に直訳しただけで、こなれた自然な日本語になっていない。

②　ユーザーの知識レベルを度外視して、専門家に説明しているような文章になっている。

③　そのエラー・メッセージが表示されている状況が、メーカーが想定している状況と食い違っている。

理由はともかく、パソコンのエラー・メッセージには、ほとんどの人が悩まされているに違いありません。パソコンという淘汰の激しい業界にあっても、これが改善される兆しもないのは、いったいどういう訳なのでしょう。

――無競争が生む分かりにくさ

ただし一般に、常に競争にさらされている民間企業が顧客に対して行うプレゼンなどは、あまり問題ありません。消費者は、分かりにくいカタログの商品ではなく、分かりやすいカタログの商品を買います。したがって、分かりにくいカタログを作り続ける会社は社会から自然淘汰されるからです。

一方、無競争は「分かりにくさ」の温床です。無競争分野に安住しているお役所などは「分かりやすく改善する必要」に迫られないのですから、当然かもしれません。

また力関係で上位の者（たとえば警察官や大学教授）が下位の者（免許更新に来たドライバーや学生）に行う説明（講習会や授業など）は、とかく緊張感に欠け、改善の意欲にも乏しく、分かりにくいものになりがちです。高名な先生によるプレゼンなどの場合も「偉い俺様が凡人の君らにありがたい話をしてやる」のような態度になり、独り善がりの分かりにくいプレゼンになりがちです。

――目につかない道路標識

道路標識の分かりにくさに関しては前著『「分かりやすい表現」の技術』でさんざん取り上げました。それとは別に、設置場所や設置方法などに問題のある道路標識が多いことは、みなさんもよくご存知でしょう。

説明は情報を「ただ与える」ことではなく、聞き手に情報を分かりやすく提供することです。とりわけ道路標識は、その情報が人命にもかかわるので、瞬間に理解されることが使命です。道路標識は、分かりやすく設置する、さらなる責任があります。

分かりにくい標識こそルール違反！

私が以前に住んでいた家の近所に右折禁止の標識がありました。右折禁止なのに、非常に幅広い道路の左側に目立たなく立っているので、右側車線を走っている車のドライバーはその標識を見落としがちなのです。そのためか、よく近くにパトカーが隠れていて、右折車を捕まえてはドライバーに反則切符を渡していました。何を隠そう、私も反則金を支払わされた一人です。

ただ、よく理解できないことがあります。そこで右折するほとんどのドライバーが、右折禁止の標識に気づいていないという事実を、パトカーの警察官は知っていたはずです。「右折禁止を知らなかったのですか?」と必ず質問しているのですから。

しかし私が捕まってからも、その「分かりにくい」標識は相変わらず目立たないまま、パトカーが隠れていて違反車を捕まえていたのです。

たしかに違反者に懲罰を与えることは右折車を減らす抑止力になるでしょう。しかしこのケースは、故意の違反者が少ないのですから、標識を目立つように立て替えるほうが、抑止力の点ではよほど効果的だったと思われます。

――「分かりにくい説明」の結果責任

民間企業が欠陥品を販売してしまったら、無料で良品と交換しなければなりません。道路標識も「分かりやすい説明」でなければ欠陥品です。そんな道路標識は、法的効力を認められない、くらいの社会的合意が必要ではないでしょうか。

あるいは、税務署が分かりにくい税申告書用紙を作り続けても、別に税務署は存亡の危機に立つわけではありません。「ここにちゃんと書いてあるでしょ！　よく読んでください！」と納税者を叱っていればすむからです。

しかし、もし「分かりにくい税申告書では納税額が減額される」とか「納税者は税務署を自由に選べて、分かりやすい申告書を作っている税務署で申告できる。税徴収成績の悪い税務署は廃止し、職員も免職とする」などとなったらどうなるでしょう。きっと税務署の申告書は、一気に民間企業のカタログなみに分かりやすくなるでしょう。

これは冗談ではありません。民間企業の社員は、常にこうした緊迫した状況に置かれているのですから。

お役所に限らず、無競争分野の人々はたいてい説明とは「情報をただ与えること」で足りると誤解しています。分かりにくいと苦情を言っても「さっき、ちゃんと説明したじゃないか」とか「ここにちゃんと書いてあるじゃないか」と「情報をただ与えた」ことを主張するだけです。

――改善の兆し

もっとも税務署でも、最近は、分かりやすい税申告書の改善活動が活発に進められています。たとえば、確定申告の記入方法を説明する親切なガイドブックが作成されました。読み手が一目で分かるように、各領域が色分けされていたり、または、記入欄とその記入内容を説明する文章との対応をハッキリと表示するために大きな同一番号が両者に振られていたりとさまざまな工夫がされています。

競争原理が働かなくても改善できるよい事例です。

「分かるように説き明かす」こと

以上、いろいろな「分かりにくい説明」を見てきました。では、そもそも「分かりやすい説明」とは何でしょうか。それをはっきりさせたいと思います。

私たちの生活には「説明」があふれています。二人以上で構成される社会では、必ず「説明」がつきまといます。

電子レンジの取扱説明書は文字通り「説明」ですが、テレビでアナウンサーが事件を伝えるのも「説明」です。新しい事業内容を書いた企画書も「説明」です。新製品の優秀性をフェアで発表するプレゼンも「説明」です。離婚裁判で、妻がどれだけ夫にひどく扱われたかを主張するのも「説明」です。テレビCMで自社の電話料金が安いことを主張するのも「説明」です。

その一方で「明日、三時から部門会議があります」ということを「知らせる」とは言いますが、「説明する」とは言いません。なぜでしょうか。

国語辞典によると、「知らせる」は「知るようにする」ことで、「説明」は「相手に分かるように説き明かすこと」だそうです。

つまり「知らせる」と「説明する」の違いは、「知る」と「分かる」の違いにあります。相手を「知っている状態」にすることが「知らせる」ことで、相手を「分かっている状態」にすることが「説明する」ことと言えます。「説明」の最終目標は、聞き手が「知る」ことではなく「分かる」ことです。

この「分かる」という言葉には、いろいろな意味があると思います。しかし本書では「話し手の意図を正しく理解すること」と定義しましょう。

では「分かりやすい」とは、すなわち「話し手の意図を正しく理解しやすい」とは、どういう説明なのでしょうか。

結論から先に書いてしまえば、「分かりやすい説明」とは「脳内関所を通過しやすい説明」のことです。「脳内関所」とは、脳の短期記憶領域を意味する私の造語です。

――脳内整理棚に入れる

大脳生理学では、記憶を「短期記憶」と「長期記憶」の二つに分けて考えます。

短期記憶とは、聞いたばかりの電話番号を、メモしないでも一時的に覚えていられるような記憶のことを言います。一方、長期記憶とは、卒業した学校の名前をほぼ永遠に覚えていられるような記憶のことです。

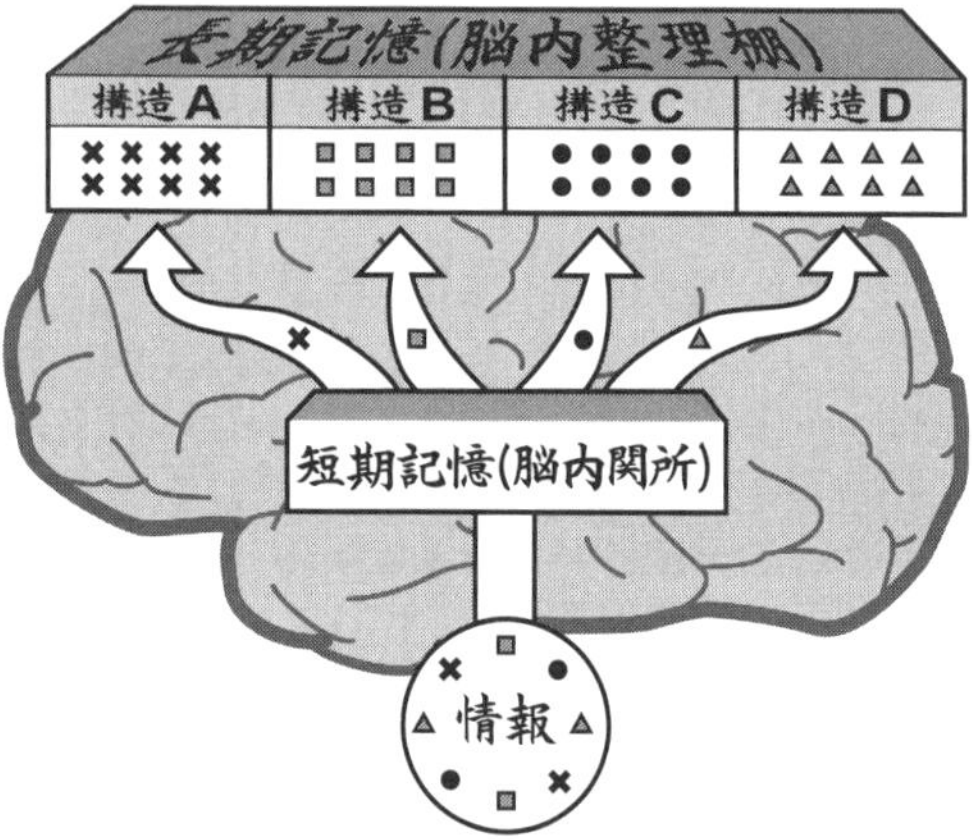

情報は「関所」で仕分けされて「棚」に納められる

名前通り、短期記憶は記憶保持時間が一時的で短く、長期記憶は記憶保持時間が長く、ほぼ永遠というのが特徴です。

短期記憶が処理される領域は、脳に入ってくる情報を一時的に留め、その情報を吟味し、意味を確定するための「仕分け場」です。本書ではここを「脳内関所」と呼ぶことにします。

脳内関所で処理され意味が確定した記憶は、長期記憶が保存される領域に伝えられ、そこで永久保管されます。

長期記憶が保存される領域には、格納する情報の種類に応じた、いくつもの仕切り棚が設けられているとイメージしてください。たとえば「英文法の知識」「パソコンの使い方」「会社での人間関係を維持するノウハウ」「最近の経済動向」など、大きなカテゴリー別にたくさんの整理棚があるのです。

それぞれの脳内整理棚は、さらに「意味別」に細かい区画があります。ちょうど郵便物仕分け棚が都道府県分四七個あり、各都道府県の棚がそれぞれさらに細かい市町村の区画に分けられているイメージです。

そこで本書では、脳で長期記憶が保存される領域を「脳内整理棚」と呼ぶことにします。

情報が脳内関所で仕分けられた後、脳内整理棚の一区画に格納される瞬間が「分かった！」ということなのです。

逆に、この脳内関所で仕分けできないために脳内整理棚に保存できない情報が「分からない」「解せない」「腑に落ちない」ということなのです。

――脳内関所の作業項目

では「分かりやすい説明」とは何かを改めて考えてみましょう。

先ほど、分かりやすい説明とは、情報が脳内関所を通過しやすい説明だと書きました。すなわち分かりやすい説明とは、脳内関所での意味の吟味、仕分け作業が円滑に処理されるように情報を送ることなのです。したがって説明上手になるには、この脳内関所の性質や、どのような基準で仕分けしているかを知っておくことが大切です。

脳内関所が外界情報をどのような基準で仕分けしているのか、それを大雑把にまとめれば、次のような仕分け作業が行われていると考えられます。

脳内関所の作業項目

❶情報の大きさをチェックし、受け入れるか否かを決める。
❷たくさんある脳内整理棚の中から適切な一個を選ぶ。
❸情報のムダを省き整理する。
❹情報が論理的であるかチェックする。
❺情報を入れる脳内整理棚内の最終一区画を決定する。

――サイズのチェック

仕分け作業の❶は「サイズ審査」です。入ってくる情報の「一区切り単位」のサイズが、脳内関所自体のサイズより大きいと、脳内関所に入ることができません。

これを私は「ビール瓶の原理」と呼んでいます。脳内関所は、ビール瓶の小さな口で、大きな瓶の中は脳内整理棚です。水（情報）をビール瓶の口（脳内関所）に乱暴に注いでも、ビール瓶の中（脳内整理棚）に水が効率よく入っていきません。水をビール瓶の中に注ぎ込むには、小さな口から水があふれないように工夫し、慎重に行わなければなりません。

脳内関所は記憶保持時間も記憶容量も小さいのです。記憶容量は、文字にして一〇文字足らずです。一回に空で覚えられる電話番号の長さを考えれば納得がいくでしょう。

たとえば五四八四九六五七三四という一〇桁の数字は脳内関所のサイズぎりぎりなので扱いにくく感じます。しかし、ハイフン（―）によって、その一区切りのサイズを五四―八四九六―五七三四のように小さくしてやると、脳内関所が扱いやすくなります。

他にも、情報の「一区切りのサイズ」を理解する上で日常的な分かりやすい例では、一文の長さがあります。句点で区切られる一文の長さが異常に長いと理解するのに苦労します。より短い文に区切られていると理解しやすいのは、脳内関所のサイズ審査のためです。

――脳内整理棚を選ぶ

❷の「適切な脳内整理棚の選定」では、入ってきた情報について、まず大きなカテゴリーが決定されます。つまり、いくつもある脳内整理棚の中から、その情報の送り先として、もっとも適

切な一個の整理棚を選び出し、準備します。

この作業を具体的にイメージするために、先ほど紹介した郵便物仕分け棚を思い出してください。郵便物仕分け用の大きな整理棚が都道府県別に四七個あるわけです。

情報は一通の郵便物です。❶のサイズ審査を通過し、脳内関所に入ることができた後、最初に行われるこの仕分け作業❷は、一番大きな仕分けである都道府県の決定です。

ここで注意していただきたいのは、本物の郵便物には住所が書かれていますが、脳内に入ってくる情報には住所が書かれていないという点です。そこで脳内関所で、情報を吟味し、都道府県を決定するのです。

――ポイントをつかむ

❸の作業を言い換えれば「情報整理・構造分析」で、脳内関所の作業の中で一番中心的な作業です。入ってくる情報に対し、ムダをカットしたり、同じ種類をまとめたり、情報の対応関係を発見したり、意味を失わない範囲で情報の構造を単純化します。

この作業は、宝石の原石採取で、掘り出した泥や砂利の中から原石を選び出す作業に似ています。原石の中に泥や砂利が混じっていると、つまり情報の整理・分析が不十分だと「誤解」を生じます。

私たちの実感で言えば、人の話を聞いているとき「一体、この人、何が言いたいんだろう？」の気持ちがこの❸の「情報整理・構造分析」作業に該当するでしょう。この作業がある程度進んで初めて、「つまり、言いたいことは○○ってことか」となるわけです。

――論理性審査

作業の❹は「論理性審査」です。説明の意味が分かりかけてきた時点で、その意味する内容が論理的かどうかを審査することです。

つまり「理にかなっているかどうか」がチェックされ、不合理と判定されれば、その情報は拒絶され、脳内整理棚に進むことは許されません。「腑に落ちない話」「非論理的な話」「納得できない話」として拒絶されてしまいます。

この論理性審査機能の強い「論理的な人」は、人の説明の論理性審査に厳しいだけではなく、自分の情報発信にも同じ厳しい事前審査を行います。そのため、論理的な人が話す内容は、すでに論理性の事前審査をされたものとなります。それだけ聞き手の脳内関所での論理性審査で、合格と判定される可能性が高くなります。

つまり論理的な人の説明は、聞き手の脳内関所での論理性審査を通過する可能性が高く「説得力がある」ということになるのです。

―意味の確定

最後の❺の作業は「意味確定」です。つまり脳内関所が、処理している情報を最終的にどの脳内整理棚の中のどの区画に格納するかを決定したことを意味します。

入ってきた情報の意味は、すでに脳内整理棚に格納されている過去の情報と照らし合わせ、もっとも情報の構造（意味）が一致する区画に格納されます。もし過去に格納されたどの区画の情報とも一致しない場合は、「新しい概念」として、まったく新しい区画に格納されます。

これが「分かった！」「納得できた！」という瞬間なのです。

つまり「分かる」とは、情報が最終的に脳内整理棚の一区画に入れられたことです。逆に言えば「分からない」とは、その情報が脳内整理棚に入れられなかったことを意味します。

―脳内関所を通りやすくする

以上、脳内関所で行われる五つの作業を簡潔に説明しました。そこで「分かりやすい説明とは何か？」という最初の問いに戻ってみましょう。

脳内関所での作業負担が大きい説明は、分かりにくい説明なのです。反対に、脳内関所での作業負担が小さい説明は、分かりやすい説明です。つまり「分かりやすい説明」とは、聞き手の脳内関所で行われるはずの作業を、なるべく説明者が事前に代行処理し、脳内関所の作業負担を軽減することです。

我が政党の主張を有権者に説明するときも、重役を納得させる企画書を書くときも、離婚裁判で高額の慰謝料を勝ち取りたいときも、すべて同じです。自分の主張が有権者や重役や裁判長の脳内関所で素早く審査されるように、工夫（事前加工）すればよいのです。そうすれば、あなたの主張は、素早く相手の脳内整理棚の一区画に格納され、有権者も重役も裁判長も、あなたの主張を「分かった。あなたの言い分は正しい」と言ってくれるはずです。

このように「分かりやすい説明」とは、周囲の人に自分の意図を正しく伝える魔法の杖なのです。

――説明はサービス

この章の最後に、「説明」に対する私の理念を書いておきたいと思います。

分かりやすい説明とは、「脳内関所で行われるはずの作業を、なるべく事前に代行処理し、脳内関所の作業負担を軽減すること」と定義しました。それはつまり、脳内関所の日々の作業を代行する一種のサービスと言えます。

サービスである以上、基本は、聞き手を「お客様」と考えることです。一流のホテルマンが顧客を丁寧に世話するように、説明者は聞き手が「快適」であるかどうか、常に注意を払う必要があります。

たとえばプレゼンなら、

「話すスピードは速すぎないか？」

「声の大きさは最後部席の人に聞こえるだろうか？」

「投影スライドの字の大きさは、最後部席の人に判読できるだろうか？」

「退屈していないだろうか？」

「詳細な話で迷わせ、話の骨子を見失わせていないだろうか？」

「楽に理解してもらっているだろうか？」

などの点です。残念ながらそのような配慮が感じられない「説明」が少なくないのは、冒頭で紹介したとおりです。

あなたが説明するときは、聞き手を「お客様」と考えてください。それが分かりやすい説明の第一歩です。それを心得ていただいた上で、次章から実際の「分かりやすい説明」の技術を学んでいきましょう。

第2章

説明術 基礎編

この「説明術・基礎編」では、分かりやすい説明のための七つの基本技術を紹介します。

文字通り基礎的なことばかりで、簡単に実行できると同時に、きわめて効果的に説明を分かりやすくするポイントが選んであります。

「はじめに」で書いた「八〇対二〇」のパレートの法則のとおり、この「説明術・基礎編」を完全にマスターするだけで、あなたの説明は飛躍的に分かりやすくなるはずです。

実際「はじめに」で紹介した、部下のプレゼンに対して私がアドバイスしたのも、この基礎技術のうちの三つにすぎません。それだけで、見違えるほど彼女のプレゼン技術は改善されたのです。

説明術 ①聞き手とのタイムラグを知れ

――映画館ではゆっくり歩け

上映中の映画館に入ると、最初のうちは暗闇に目が慣れていないため、上映中のスクリーン以外は真っ暗で何も見えません。通路を歩くこともできないほどです。しかし、しばらく経つと目が暗闇に慣れ、通路も歩くことができるようになります。

映画館に先に入っていたあなたが、遅れて来た友人を席まで案内すると考えてください。すでに暗闇に慣れているあなたは、通路もよく見えます。そこで、映画館に入ったばかりの友人を足早に誘導しようとします。ところが暗闇に目が慣れていない友人は、歩くのもおぼつかなく、つまずいて転ばないかと恐怖さえ感じているのです。

このような光景は、プレゼンや販売員の商品説明など、さまざまな説明シーンでよく見られます。話し手のあなたは、説明したいテーマを熟知しています。つまり映画館に入って十分に時間が経ち、目が暗闇に慣れている人に似ています。一方、今日初めて説明を聞く人は、あなたが伝

あなたには見えても彼には見えない！

えたいテーマに関しては「たった今、映画館に入ったばかりの人」なのです。

友人の視野がまだ暗いことに十分配慮し、目が暗闇に慣れるまで待ちましょう。また、つまずいて転ばないように、最初はゆっくり歩くなどの配慮をしましょう。

――初めて聞く人への配慮

先日、帰宅途中の駅で「コンタクト・レンズに関するアンケートにご協力いただけますか?」と声をかけられました。アンケートを装い、最後には新製品のパンフレットでも渡す意図は見え透いていました。急いでいなかったのと、私もコンタクト・レンズを使っていて、新技術には関心があったので足を止めました。

喜んだ説明員は、口頭でいろいろな質問を始めました。おもに現在使用中のコンタクト・レンズに対する不満に関することでした。そして一通り質問が終わると、手慣れた口調で、何やら新しい理論に基づいた技術の説明を始めました。

私は内心「来た、来た」と思いながら、耳を傾けました。ところが熱心に話してくれるのですが、何を言っているのか理解できず、チンプンカンプンだったのです。

これは、その新理論とやらを今日初めて聞く私と、熟知している説明員との間に横たわる、新理論に対する「慣れ」の差が一因だと思います。先に映画館に入っていて目が暗闇に慣れている人と、たった今、映画館に入ったばかりの人との差です。

――タイムラグが起きるわけ

私は、この物事に慣れるまでの時間を「タイムラグ」と呼んでいます。下手な説明は、たいていこのタイムラグを認識していない結果です。

タイムラグとは、一般的には、「時間のずれ」「時間差」ですが、ここでは、聞き手の脳が説明されているテーマに慣れ、その内容を消化、処理できるようになるための準備時間を指します。

脳内関所が、情報を「どの脳内整理棚に格納するべきか」を選定するのに必要な時間です。

聞き手の脳内関所が、脳内整理棚を準備するより早く説明を進めても、その情報は、行き先が決まっていないので、脳内関所で失われてしまいます。脳内関所では、長時間記憶を保てないからです。この状態では、せっかくの話も聞き手の脳内整理棚に届くことはありません。あなたがどんなに熱弁をふるっても、聞き手に理解されることはないのです。

分かりやすい説明のためには、聞き手の脳内関所で行われている「脳内整理棚の選定」作業には一定の時間がかかることに配慮し、そのために「待つ」あるいは「その選定作業を助けてあげる」などができなければなりません。

タイムラグは気づきにくい概念です。聞き手には、世界が、あなたと同じように見えているわけではないのです。映画館で席まで案内するのは、友人の目が暗闇に慣れるまで待ちましょう。

ルール1 タイムラグの存在を知れ。

▼聞き手が脳内整理棚を準備中はゆっくり話すなどして待て。
▼聞き手の脳内整理棚がいつ準備完了するかに注視せよ。
▼聞き手の脳内整理棚の準備が完了してから情報を送れ。

説明術 ② 要点を先に言え

――一番知らせたいことは？

私は帰宅すると最初に、その日配達された郵便物に目を通します。郵便物にはいわゆるダイレクトメールもたくさんあります。その中には、開封するとさまざまな印刷物がドッと出てきて、その封書で来たメール全体としての意図がなかなか分からないものがあります。

たとえばある日の電話会社からの封書は、先月分の電話代の請求書だと思って開きました。ところが出てきたのは、特別キャンペーン中のプレゼント商品を詳細に写真紹介した一枚、来月中旬のシステム工事期間中、関東地域で深夜二時から三時まで電話がつながりにくくなる旨のお知らせの一枚、来年から始まる画期的な新しいサービスの技術的な説明が一枚、……他にもいろいろな印刷物が何枚もバラバラと出てきました。

こうなると、この郵便物を送った一番の目的、すなわち「説明者の意図」が不明確です。電話会社が私に一番知らせたいのは、工事期間中に電話がつながりにくくなることなのか、新サービスに加入してもらいたいのか、あるいはキャンペーンのプレゼント商品なのか。このままではたくさんの印刷物に紛れて、その一番肝心なことが私には分かりません。

――最初に「理解の枠組み」を与えよ

このゴチャゴチャと同封した郵便物の意図が分かりにくい理由は、最初に「理解の枠組み」を与えていないからです。これは「概要をまず話せ」という意味で、説明術の中でも基本中の基本です。

理解の枠組みを先に与えることは、説明術①のタイムラグの概念と直結します。

ただし、説明術①では聞き手のタイムラグを認識することが最重要でした。一方、ここで言う「最初に理解の枠組みを与えよ」は、聞き手の準備作業を助けることにより、タイムラグそのものを短くすることが狙いです。

タイムラグを短縮するには、聞き手が行っている脳内整理棚の選定作業を手伝ってあげることです。それだけ早く準備作業が終わり、本格的な説明をより早く始められるからです。

また、しっかりとした「理解の枠組み」が聞き手に準備されれば、その後の説明に対する聞き手の理解力が、それだけ高まるからです。

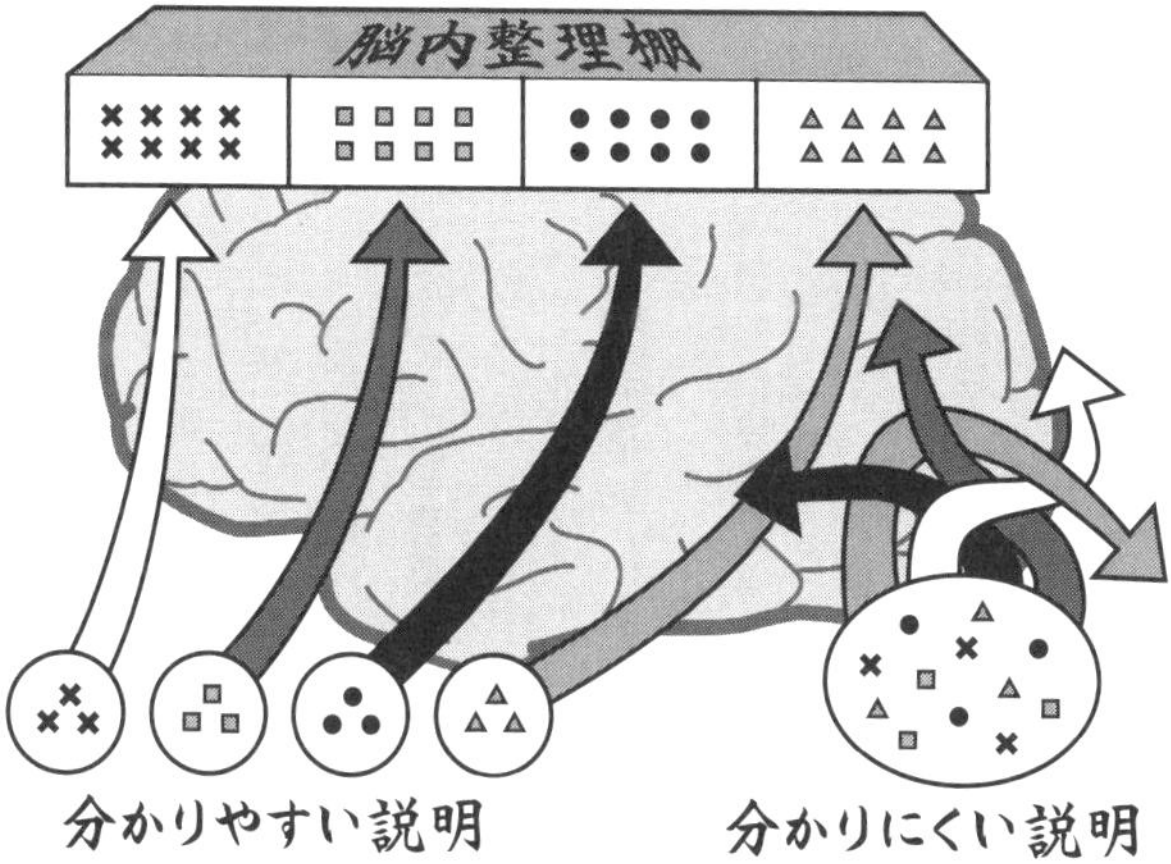

あらかじめ整理された情報はしまいやすい

――脳内整理棚選定作業を手助けする

　では、どのようにして聞き手の脳内整理棚の選定作業をお手伝いできるのでしょう？　その答えは簡単です。説明冒頭で、これから説明したいテーマの概要を話すことです。

　ルール❶での「ゆっくり話す」は、いってみれば「時間潰し」で、聞き手のタイムラグに対する消極的な対処法です。一方、説明術②の「要点を先に言え」は、聞き手の脳内整理棚の選定作業を直接助ける、タイムラグに対する積極的な対処法です。

　あらゆる説明術で「まず概要それから詳細」またほ「まず結論それから理由」とされるわけはここにあります。聞き手は脳内整理棚の選定作業中なので「どの都道府県なのかな?」、すなわち「どんな話が始まるのかな?」「この人は何を言おうとしているのかな?」という情報を欲しがっているのです。

聞き手の脳内整理棚選定作業に必要なのは、概要情報であって詳細情報ではありません。あなたにとっては当然過ぎる、ついつい省略しがちな概要を丁寧にゆっくりと説明することこそが、聞き手の脳内整理棚選定作業を助ける最強の手段です。

都道府県別の脳内整理棚を決定する前に、聞き慣れない小さな市町村名ばかり与えられても、脳内関所はとまどうばかりです。

――脳内整理棚が用意されると

説明の冒頭で概要を話すことがいかに大切かを実感していただくため、例文を一つ挙げます。

「低インシュリン・ダイエット」に関する説明です。

食後、血糖値が急激に上昇すると食物の栄養素は体内に脂肪として蓄えられます。消化吸収の遅い食品(GI値の低い食品と言います)は血糖値を急上昇させないので脂肪として蓄えられません。低インシュリン・ダイエットではＧＩ値の低い食品を選んで食べるだけで、体重を落とすことができます。たとえば、うどんよりソバ、普通の食パンより全粒粉のパン、白米よりパスタなどがＧＩ値の低い食品です。日常生活でこういう食品を意識して食べることで空腹感に苦しまずダイエットできます。

低インシュリン・ダイエットとは何かをまったく知らない人がこれを読んだとしたら、楽に理解できるでしょうか？

では次に、冒頭で要点説明をしたらどうなるでしょうか。

低インシュリン・ダイエットとは、美味しい物を食べながらダイエットできる画期的な方法です。従来の常識であったカロリー値ではなく、食品の消化吸収の早さを表すＧＩ値に注目して食品を選びます。ＧＩ値の低い食品を選んで食べるだけで、総カロリーを減らさずに、体重を落とすことができます。たとえば、うどんよりソバ、普通の食パンより全粒粉のパン、白米よりパスタなどを意識して食べることで空腹感に苦しまずダイエットできます。

二つを比べてみてどう感じましたか？

もちろん、前者の説明でも理解することはできます。しかし後者の説明では、低インシュリン・ダイエットの特徴が冒頭で説明されていて、後に続く説明の相互の関連性、全体の中での位置付けが明確になり、さらに分かりやすかったはずです。

前者の説明では、あなたの脳内整理棚が確定していない状態で、先に個々の詳細な情報が与えられています。その個々の情報が「全体の中で、どういう位置付けにあるのか」が不明なため、どの脳内整理棚に納めてよいのやら、困惑するわけです。

しかし後者の説明では、冒頭で低インシュリン・ダイエットの特徴が短く説明されることによって、あなたの脳内整理棚が確定し、続く詳細情報を的確にその整理棚に納めることができるからです。

——点が線につながる

冒頭で概要を説明しなかった場合、聞き手は、まずバラバラの点（詳細情報）が与えられ、後でそれが線につながって理解できた、という順序になります。逆に言えば「点が線につながる瞬間」までは、各点に関して、聞き手の脳内には大きな疑問符が漂っていたことになります。

一方、冒頭で概要を説明した場合は、先に与えられた線（概要）に沿って各点（詳細情報）が与えられますから、聞き手の脳内に疑問符が漂うことはないのです。

説明の冒頭で、大枠をゆっくり丁寧に話し、聞き手の脳内に脳内整理棚を準備させましょう。

ここで言う「冒頭で」とは、たとえば一日がかりのプレゼンなら「その開始時に」という意味だけではありません。プレゼン内容を投射しているスライドで、次のページに進む時も同じです。講師のあなたと違って、聴講者はその新しいページを初めて見るのです。その新しいページの構造や意味を理解するためのタイムラグがあるのです。

そのタイムラグに配慮しましょう。詳細を話し始めるのは、聞き手の脳内整理棚の準備作業が終わったと思われる瞬間まで、グッとこらえて待ちましょう。

――ビジネスメールの要点

ちなみに、理解の枠組みを先に与えることは、特にビジネスメールでは大切です。

ビジネスメールと一般の手紙、文章との違いはなんでしょう？　もっと限定して、ビジネスメールと告白メールとの違いはなんでしょう？

ビジネスメールの読者は実務家で、告白メールの読者は恋人です。では実務家と恋人との違いはなんでしょうか？　そうです、実務家たちは忙しいのです。

相思相愛の恋人は、胸躍らせながら告白メールを読むでしょう。何度も何度も読み返すかもしれません。しかし実務家は、一〇分後に始まる会議直前の忙しい間に、ビジネスメールにさっと目を通すだけでしょう。そして、そのビジネスメールを読むのに費やした時間に見合う価値、すなわち有益な情報が得られなければ、その差出人に腹を立てるでしょう。

また、ビジネスメールで誤解が生じたら、貴重なビジネス・チャンスを失うかもしれません。あるいは商品の発送日を誤って、巨額な遅延違約金を取られることになるかもしれません。とにかくビジネスメール上での誤解は高くつくことになります。

こうしたことから考えると、よいビジネスメールのポイントは、次の三点です。

ビジネスメールのポイント

❶読み手の時間を奪わないこと。
❷事実を正確に伝えること。
❸読み手にこちらの希望の行動を取らせること。

――目的意識をもって手早く正確に

❶の「時間を奪わない」とは、短時間で効率よく情報伝達しなさい、ということになります。すなわち「分かりやすい説明」をしなさい、ということに他なりません。

「分かりやすい説明」とは「聞き手」が情報整理しやすいように、事前の整理をなるべくあなたが代行しておくことでした。告白メールのように熱い思いをただ思いつくまま綴るのではダメなのです。同じ内容を意味するもっとも短い表現に単純化することが肝心です。

また、途中で相手が読むのを放棄した場合を想定し、重要情報を文のなるべく前へ置くこともポイントです。読んでもらいたい情報ほどメールの前に置くことで、読み手が中途放棄した場合の被害を最小限に留められるからです。

❷の「事実を正確に伝える」は誤解されない表現を心がけるということです。

「分かりにくい説明」を生み出す多くの要因の中でも、とりわけ「曖昧な表現」は誤解の温床です。恋人たちでは許される曖昧な表現は、ビジネスメールでは絶対に御法度です。

❸の「希望の行動を取らせる」とは、そのビジネスメールの「最終目的」を忘れるなということです。

ビジネスメールの究極の目的は、たとえば「自分がいかに迷惑を被ったか」という憤りを相手にぶつけて、自分のストレスを解消することではありません。「したがって輸送費の全額をそちらで負担してほしい」とか「不良品の数だけ、至急、良品を航空便で送ってほしい」とか「最終回答の期限を延長してほしい」とか、必ず相手に取ってもらいたい行動があるはずです。

この最終目的を履き違え、たとえば抗議の調子が強過ぎて読み手の気分を必要以上に害せば、相手の態度の硬化を招くでしょう。そうなれば、損害を賠償してもらうなど、そのビジネスメールの究極の目的が達せられなくなってしまいます。

そのためにも、ビジネスメールでは、定型的な決まり文句で、礼儀正しく、感情を交えず書いていくスタイルが定着しているのでしょう。この、感情を交えないで事をうまく運ぶという知恵も、裏返せばそれだけ人間が感情の塊であることの証なのかもしれません。

いずれにしても、ビジネスメールのポイントは、分かりやすい説明をするための、よい参考になります。

ルール2

タイムラグを短縮せよ。

▼概要を先に与えよ。

▼聞き手の脳内整理棚選定作業を詳細情報で邪魔するな。

説明術③しみ入るように話せ

――せっかちな説明

私の勤務先では、一般社員が物品を購入したり、自分で立て替えた交通費を会社に請求したりする場合、簡単な伝票に書き込んで、経理担当者に渡すだけで精算してもらえます。

しかしある時、その経理担当者が入院してしまいました。その間、一般社員はパソコンで経理システムの画面を開き、自分でデータを入力しなければなりませんでした。大したことではないのですが、やはり何事も慣れないことは大変なものです。

私も、専門書を購入した際の立て替え分を請求するときに苦労しました。周囲に助言を求めながら入力を完了し、最後に画面上の「請求」のボタンをクリックしました。画面には「請求完了」と表示されたので一安心しました。

ところが二日後、パソコンを開いてみると、その請求が何らかのエラーで差し戻されていたのです。その理由をいくら読んでも理解できなかった私は、経理システムの管理者に電話で質問しました。

しかし、その電話での説明がなかなか理解しづらかったのです。親切な人なのですが「あなたの質問したいことは、これでしょ？」とばかりに、私が話し終えるのを待たずに、矢継ぎ早に話すのです。セッカチな性格なのか、それとも多忙で時間を惜しんでいるのか、とにかく急いで説明を切り上げようとするのです。

そのため私の理解はかえって進まず、余計に時間ばかりかかるという皮肉なやり取りが続きました。そうこうするうちに、そのシステム担当者が、私の理解の悪さにいらだっていることが声の調子から分かりました。

その時、彼のそばにいたらしい同僚が、彼のいらだちを見かねたのか、途中で電話を代わってくれました。そして低い、落ち着いた声でゆっくり説明を繰り返してくれました。

一〇分近く話していても要領を得なかった説明が、その人に代わったら、すぐに分かりました。

同じことを説明しているのに、どうしてこうも分かりやすいんだろう、何が違うのだろうかと考えさせられました。

――聞き手に合わせた速度

「閑《しずか》さや岩にしみ入蟬《いるせみ》の声」という有名な芭蕉の句があります。まざまざと夏の一情景が浮かんでくる名句です。セミの声がゆっくり、じっくりと岩に「しみ入る」のです。

説明が聞き手の脳内に入っていくのも、「しみ入る」ように、ゆっくり、じっくりなのです。このゆっくり、じっくりした速度を無視して話しても、あなたの説明を聞き手の脳内整理棚に納めることはできません。

「相手のあることだから」と言いますが、説明する速度もやはり「相手があること」です。適切な話す速度は、話し手の好みではなく、聞き手の脳内関所の処理能力で決まります。

もちろん、聞き手の処理能力はバラバラです。しかしゆっくり話すほうが、理解できる人が多くなるのは当然です。ハードルを飛び越えられる高さに個人差はありますが、ハードルを低くしてやれば、飛び越えられる人が多くなるのと同じ原理です。

――ビール瓶の原理

誤解のないように補足説明しておきたいことがあります。ここで言う「しみ入るように話す」

ビール瓶の口の大きさ（脳内関所の記憶容量）
に合わせて、ゆっくり水（情報）を注ぐ

の意味は、「ゆっくり話す」に非常に似ているのですが、同じではありません。これは脳内関所の作業項目「サイズ審査」（30ページ❶参照）に配慮した説明術です。

第1章で説明した「ビール瓶の原理」を思い出してください。ビール瓶の小さな口からは、短時間で大量の水を瓶の中に注ぎ入れることはできません。

脳内関所はビール瓶の小さな口です。小さな記憶容量で、入ってくる情報を順次、整理、吟味、審査しているのです。話し手は、このゆっくりした処理速度に配慮しなければなりません。

ビール瓶に水を入れるには、ゆっくり注ぎ込むことです。同じように、説明も時間当たりの情報量を小さくする必要があります。これが「しみ入るように話す」ことなのです。

私は仕事柄、新技術に関する講演を聞く機会が多いのですが、分かりやすく説明する講師の共通点の一つは「しみ入るように話す」ところです。

しみ入るように話す講師が、すべて「ゆっくり話す」わけではありません。しかしポイント、ポイントで、聞き手の脳内関所が情報処理できるように「間」を置いて、次の情報を送ることを一瞬だけ控えているのです。

ビール瓶の口に漏斗《じょうご》を入れ、ヤカンで水を注ぐ場面を想像してください。漏斗から瓶の中に水が落ちる速度より早く注げば、漏斗から水があふれそうになります。そんな時、ヤカンを傾けるのをちょっと控え、漏斗の水かさが減るのを待つでしょう。漏斗の水かさが十分に減れば、漏斗への水の注入を再開しても、水はあふれることなく瓶の中に落ちます。

これが「間」を取りながら話すことなのです。

――だらだら話さない

早口の講師は無論のこと、だらだらと切れ目なく話す講師も、漏斗から水があふれてもお構いなしに、ヤカンから水を注ぎ続ける講師なのです。

脳内関所は小さい塊の情報を欲しがっています。

私たちの体は、高分子のままの炭水化物やタンパク質は吸収できません。糖類やアミノ酸という形に小腸で小さく分解しないと栄養として吸収できないからです。同じように脳も、長くつながった情報ではなく、短く分解された小さな塊の情報を喜ぶのです。

「しみ入るように話す」「間を取りながら話す」ことは、情報を小さな塊にして送ることを意味します。

早口でだらだら説明するということは、大きな塊の情報を注ぎ込むことを意味します。それだけ理解できる人の数を減らしているのです。「間」を取りながら話しましょう。「漏斗の水かさが減る」のには時間がかかるのです。

ルール3　「間」を置きながら、しみ入るように話せ。

▼意味別の区切りごとに小休止を取れ。
▼キーポイントを話した直後に小休止を取れ。
▼複雑な概念を話す時は小休止を多用せよ。

説明術④ 抽象的説明と具体的説明のバランスを取れ

――報告下手の二つのタイプ

部下からよく仕事の報告を受けるのですが、その話し方でだいたいその部下の力量が分かるものです。中でも困らされる部下には二つのタイプがあります。

もっともイライラさせられるのは、話がだらだらと長いタイプです。「報告」とは、すべてをこと細かに話すことではありません。上司の時間を一時奪うのですから、それに見合うだけの価値ある情報を厳選しなければなりません。しかしこのタイプの部下は、無計画に詳細な説明に時間をかけ、こちらが知りたいポイントにたどり着くまでに相当なムダな話を聞かされます。

一方、まったく逆なタイプの報告も困りものです。非常に大雑把な説明だけをするタイプです。時間がかからないのは結構ですが、大雑把過ぎて情報量不足のため、状況判断するには、いくつも質問しなければならないからです。

互いにまったく逆に見えるこの二つのタイプには、共通点があります。それは「具体的な説明

具体性と抽象性のバランスを取る

と抽象的な説明のバランスが悪い」ことです。

――適度な抽象性も大切

この小見出しを、みなさんは少し意外に思われるでしょう。普通「抽象的な説明」は下手な説明とされています。「抽象的説明に終始していた」などと、通常、批判の対象です。

たしかに、一般に「具体的に説明するように」と言われ、抽象的な説明の重要性が説かれることはまりありません。けれども私は、説明には「具体性と抽象性のバランスが大切」だと言いたいのです。

抽象性はコレステロールのようなものです。「コレステロールは健康に有害」との思い込みが蔓延しています。しかし実際には、コレステロールは人体に必須の成分です。正確には、適度の善玉コレステロールは必要で、健康に有害なのは「過剰なコレステロール」「悪玉コレステロール」なのです。

説明の抽象性も、コレステロールと同様に「分かりやすい説明」には不可欠の要素なのです。そして「抽象的説明は分かりにくい」というのは、正確には「過剰な抽象性」「悪玉抽象性」が説明を分かりにくくしているのです。

――範囲が確定しない

まず悪玉抽象性について考えてみましょう。その弊害は、ズバリ「範囲の不確定」です。

極端な話ですが「あさって、博多で待ってますから、来てください」などと言われても困ります。「あさって」「博多」では範囲が広過ぎて不確定だからです。

一方「あさっては、博多駅南口徒歩一〇分のXホテルに宿泊していますから、午後五時にフロントの前に来てください」と言われれば、範囲が確定していて分かりやすい説明になります。

大分類名（あさって／博多）だけの抽象的説明では、理解や行動に必要な最終的小分類名（午後五時／博多駅南口徒歩一〇分のXホテル）が聞き手に伝わりません。

日常生活では範囲が不確定な悪玉抽象性を含む説明があふれています。

「なるべく早めに仕上げておきます」（どれくらい早く？　今日中？　今週中？　今月中？）

「この新しい機能によって、すごく便利になります」（どう便利に？）

「おおぜい集まると思います」（一〇人？　一〇〇人？　一〇〇〇人？）

「範囲の不確定」は聞き手の不快感につながり、「抽象的な説明じゃ、分からないよ〜！」などと非難されてしまいます。

――具体的な説明

こうしてみると悪玉抽象性を取り除き、具体的な分かりやすい説明をするための単純な指針が浮かび上がります。それは次の三つです。

「具体的な説明」のポイント

❶意識して範囲指定せよ。
❷範囲を推測可能にする具体例を挙げよ。
❸小分類名で語れ。

たとえば、

「緑のボタンを押せば、すぐに部屋の温度は快適になります」

という説明を、この指針に沿って改善してみましょう。

「緑のボタンを押せば、二、三分で、あなたが設定した温度、湿度になります」

と、範囲を指定することで曖昧さがなくなります。

部下に対して、「この企画書をもう少し分かりやすくしてくれ」という指示をしても、部下はどうすればいいのか迷うでしょう。

「この企画書の行動プランの部分は明確だが、その行動プランの狙いが不明確だ。冒頭でこの企画の目的自体をクリアに書いてくれ。さらに、各行動プランの担当者名と終了期限も明記してくれ」

と、小分類名で語れば、部下はさっそく書き直しに着手できます。

「大きな木を探してきてください」は「長さが五〇センチ、直径一〇センチ以上の丸太を探してきてください」となります。

医師にあなたの体の具合を説明するときも、

「先生、きのうからどうも気分が悪いんです」

と言うだけでは、医師には多くの疑問が残り、診断に迷ってしまいます。

しかし、

「きのう昼食後から吐き気が強くなり、夕方近くには、下腹部にも刺すような痛みがあるんです。熱もあるようです」

などと「範囲を推測可能にする具体例を挙げる」と、より的確な診断が下せるようになるでしょう。

このように説明から悪玉抽象性を取り除くと、聞き手に疑問が残りません。

――善玉抽象性

さて、ここまでわざわざ「悪玉」抽象性と書いてきましたから、次に「善玉」抽象性について説明したいと思います。

物事を理解するには、基本的に二つの視点があります。「部分」と「全体」です。どちらに偏っても健全な理解とはなりません。この「部分」と「全体」は、「具体性」と「抽象性」とに密接に関係します。

上司は、あなたの仕事の細かな内容や現状をまったく知りません。ところが会議や打ち合わせなどで、そんな上司が、ポイントを押さえた質問を二、三するだけで、あなたが見落としていた重要な点を指摘してくれる。——そんな経験はありませんか？

あなたが近視眼的に見落としている点を、細かな内容や現状をまったく知らない上司が見逃さないのです。すなわち、あなたは「具体的視野」になっているのに対して、上司は「抽象的視野」になっているのです。

もちろん具体的視野が劣っていて、抽象的視野が優れている、と言いたいのではありません。両者が車の両輪のようにバランスしていることが大切だと言いたいのです。

「部分」を理解するのに必要なのが具体的な説明です。一方「全体」を理解するのに必要なのが抽象的説明です。ここが「善玉抽象性」の出番なのです。

「抽象的説明に終始し、具体性に欠けていた」という批判は、実は「概要説明だけで、詳細説明がなかった」という批判だったのです。それでは、嫌われる抽象的説明を抜かして、人気者の具体的説明、つまり詳細説明だけをしたらどうでしょうか？　いきなり詳細説明することの弊害は、本書で何度も強調してきたとおりです。

つまり、物事の説明には、車の両輪のように、概要説明と詳細説明の両方が必要ということです。これこそ私の言う「具体性と抽象性のバランスを取れ」の意味に他なりません。

「木」も「森」も見せてあげないと……！

——ヘリコプターからの視点

「木を見て森を見ず」ということわざがあります。説明術でいえば、木は具体的説明で、森は抽象的な説明ということになります。

具体的な説明に偏れば、細かい話ばかりに終始し、聞き手を「木を見て森を見ず」の状態に追い込みます。下手をすると「木」どころか「葉っぱの顕微鏡写真」ばかり見せているかもしれません。

過剰に細かい話は「悪玉具体性」と呼べます。これでは、聞き手は「細かい話は分かるが全体として何を言おうとしているのかが分からない」ということになります。

そこで、時々聞き手をヘリコプターに乗せ、空から森全体を見渡してもらうのです。つまり、抽象的説明と具体的説明のバランスをほどよく取って、説明の途中で「全体」と「部分」の間を行ったり来たりするのです。

説明途中で、たとえば「細かい実例をいろいろと紹介してきましたが、実は共通性がありま す。要するに、これらはすべて○○○です」というような、善玉抽象性の説明を挟み込みます。

——抽象的説明のテクニック

このような善玉の抽象的説明をするには、説明内容の抽象化ができなければなりません。抽象化とは、物事の本質を見抜くことです。いろいろある事柄の中から「類似性」を発見し、そのグループ分けを発見することが「抽象化」です。あまり意味のない小さな相違点よりも、重要な共通点を発見する能力が必要です。大同小異を発見することです。

たとえば、最近のパソコンの機能はどんどん豊富になり、そのソフトも次から次へと新しいバージョンが販売されます。時間をかけてやっとワープロや表計算のソフトに慣れたと思ったら、もう新しいバージョンが販売されて、使い慣れたバージョンは時代遅れになってしまいます。新しいバージョンのソフトには、また新しい機能が満載されていて、単純な機能を使うだけなのに、かえって古いバージョンより使いにくくなっていたりもします。ユーザーが欲しがる機能を増やしているはずなのに、逆にユーザーの不評を買っているわけです。

また、ある人は食物繊維が脂肪の吸収を妨げると聞き、肥満体質を改善しようと、オカラをよく食べるようになりました。オカラは食物繊維の含有量が多いからです。最初は、週に二、三度夕食時にオカラを一品加えるだけだったのですが、早く効果をあげたいと、三度三度の食事のたびに大量のオカラを摂るようにしました。ところがある時、勤務中に激しい腹痛のため、救急車で病院に運ばれたそうです。原因は食物繊維の取り過ぎでした。

――唐突にパソコン・ソフトとオカラという互いに何の関係もなさそうな話を書きました。

しかし、このまったく異なるように思える二つの話も、抽象化すれば「過ぎたるは及ばざるが如し」という一つのグループにまとめることができます。

抽象化することによって、細かな話から本質のエッセンス、教訓、キーポイントなどが得られます。この二つの具体例だけを聞いて、説明者にも聞き手にも抽象化の能力がなかったら、それぞれの話の具体的な意味を近視眼的には理解できたとしても、この二つの話を一つのグループとして見ることはできないでしょう。

分かりやすい説明には、具体的説明と抽象的説明のバランスが大切なのです。説明過程で「部分」と「全体」を行ったり来たりしましょう。一本一本の木を説明したり、ヘリコプターで空から森を見せたり、再び地上に降り立ったりしましょう。

ルール4　具体性と抽象性のバランスを取れ。

▼意識して範囲指定せよ。
▼範囲を推測させる具体例を挙げよ。
▼大分類名ではなく、小分類名で語れ。
▼全体説明と部分説明との間を適宜、行き来せよ。

説明術 ⑤ 説明もれを防げ

――話し手の「盲点」

息抜きもかねて、次ページ上の図で、ちょっとした体験をしてください。

どうですか、あるところで黒丸や棒の切れ目が見えなくなったでしょう。

これは黒丸や棒の切れ目が、網膜の光を感じない部位（盲点）に投影されるからです。しかもこの時、単に見えなくなるだけでなく、図全体は、とぎれなく見えています。すなわち、私たちは盲点のあることさえ気づかないのです。

説明の話し手にも「盲点」があります。しかもその存在にさえ気づかないところも、まさに盲点なのです。

それは、話し手が、聞き手も共有して（すでに知って）いるだろうと錯覚している情報のことです。この、自分にとって当然過ぎ、相手が知らないにもかかわらず、相手も自分同様に知っているだろうと誤解することを、私は「情報共有の錯覚」と呼んでいます。

右目を閉じ、左目で×印を注視し、図を近づけたり遠ざけたりすると、あるところで上は●が消えてただの白地に、下は棒の切れ目が消えて１本のつながった棒に見える。

盲点を体験する

ある情報を聞き手も知っていると錯覚し、その情報を盲点として見落とし、説明し忘れるのです。

――靴を脱ぐ場所

私の友人がドイツに出張中の失敗談を話してくれました。

彼のドイツ人の同僚で、日本に技術研修へ行くことになった人がいました。

そのドイツ人は、日本はおろか、ヨーロッパ以外の外国訪問は初めてだそうです。

研修中は日本人の役員宅に二週間ほど滞在するので、失礼のないように、日本での生活に関するアドバイスを求められました。

そこで私の友人は、まず靴を脱いだら、きちんと揃えておくことから説明し始めました。しかし、妙に話が通じなかったそうです。

私の友人は英語は得意だったのですが、そのドイツ人との会話は、つたないドイツ語を使っての説明でした。そこで、話が通じないのは下手なドイツ語が原因だと思っていました。

ところが後で分かったことは、そのドイツ人は「脱いだ靴を揃えておく」というのは、寝室で靴を脱いだ時の説明だと思っていたそうです。彼は「日本人は、他人の寝室を覗いて、ベッド脇に靴が揃えてあるかどうか、チェックするのか？」と、不可解に思っていたのだそうです。

外国人に日本での生活を説明するとき「玄関で靴を脱ぐ」のは誰もが思いつく重要な点です。友人は、それをうっかり説明し忘れてしまったのです。

「どうしてそんな基本的なことを説明し忘れたんだ？」と聞いたところ「毎日オフィスで顔を見てるので、外国人であることを完全に忘れてしまっていた」と洩らしていました。

つまり、毎日、顔を見ているそのドイツ人を身内のように感じてしまい、日本人にとっては当然な「玄関で靴を脱ぐ」という知識を共有していると錯覚したのでしょう。

――必要な説明・不必要な説明

この「情報共有の錯覚」は、話し手がもっとも陥りやすい落とし穴です。独り善がりの分かりにくい説明は、ほとんどがこの錯覚が原因です。ついつい聞き手の知識のレベルを実際よりは高め、つまり話し手自身のレベルに近いと錯覚して話しがちです。

情報共有の錯覚に陥った人は、分からない人が何を分からないのかさえも分からないのです。ここに永遠のすれ違いが起こります。

ただし、ここで補足しておきたいことがあります。

この友人のように、省いてはいけない説明を省いてしまうのは、もちろん避けなければならない失敗です。しかし逆に、説明を省けるのにわざわざ時間をかけて話してしまうのも失敗です。たとえば「損益分岐点」という言葉は、高校生相手なら、その意味を説明しなければならないかもしれません。しかし会社員相手なら、説明なしに使うことができるでしょう。「分かりにくい説明」となるのは、当然、しなければならない説明を省いてしまった場合です。とはいえ「分かりきったこと」を説明してしまうのも、時間の浪費で、やはり上手な説明とは言えません。聞き手を不快にしてしまう点では、どちらも同じです。

「説明相手によって、説明を省ける箇所は異なる」という単純明快な原理も、改めて指摘されない限り、通常、はっきりと意識されない盲点です。

講談社学術文庫　3月13日発売

フロイトとベルクソン

渡辺哲夫
1760円 538783-2

同じ時代に同じ人的ネットワークの中で活動し、同じ領域に迫っていた二人の巨人は、なぜ没交渉のまま終わったのか？——その壮大な謎に挑む！

維新暗殺秘録

平尾道雄
一坂太郎 解説
1650円 539006-1

変革の時代は「テロの時代」だった。井伊大老から坂本龍馬、大村益次郎まで、思想対立、感情と打算が渦巻く30の事件。異色の幕末維新史。

メルロ＝ポンティの思想

木田　元
2530円 539139-6

浩瀚かつ難解な著作で知られるメルロ＝ポンティ。日本への紹介に尽力した第一人者が、その構想の全容を明らかにした無二の概説書。

死と生の民俗

田原開起
諸岡了介 解説
1650円 539163-1

日本人はいかに生き、どう死んできたのか。明治末期から大正の風習を丹念に聴き取り、現代社会の課題を掘り起こす。知られざる名著、復刊！

ブルーバックス　3月21日発売

健康寿命と身体の科学

樋口　満
1210円 539088-7

老化を防ぐ、50歳からの「運動・食事・習慣」

「年を取ってもずっと元気な人」には、科学的な共通点があった！
最新研究でわかった、「日本人の体質に合った健康法」を総まとめ。

知られざるサメの世界

佐藤圭一／冨田武照
1430円 539103-7

海の覇者、その生態と進化

世界一長生きの脊椎動物はサメ？　ホホジロサメの体温は温かい？　ジンベイザメの目にはうろこがある？　など、最新研究が満載！

続・入試数学 伝説の良問100

安田　亨
1430円 538769-6

良問と解法で高校数学の極意をつかむ

ベストセラー続編。過去約20年間で出題された大学入試数学の良問から選び抜かれた新たな100問。良問と解法で、骨太の実力をつけよう！

「分かりやすい説明」の技術 新装版

藤沢晃治
1100円 538625-5

最強のプレゼンテーション15のルール

シリーズ50万部突破！

説明下手な人でも、ほんの少しの工夫で会議やプレゼンの達人になれる！　最強の説明術が学べる、ベストセラーの新装版！

講談社現代新書 3月21日発売

新書 昭和史
短い戦争と長い平和

井上寿一
1430円 539186-0

グローバル化、格差拡大、揺らぐデモクラシー。現代日本の課題は、戦前昭和にあった！　昭和百年を、人々の群像劇で描写する決定版通史！

ゼロから始める 無敵のレポート・論文術

尾崎俊介
1210円 538603-3

テーマをどう選べばいいのか？　なぜ書き出せないのか？　良い論文と悪い論文の違いとは？　誰も教えてくれなかった「超基本のはなし」。

ほんとうの会議
ネガティブ・ケイパビリティ実践法

帚木蓬生
1078円 539011-5

討論なし。結論なし。「言いっ放し、聞きっ放し」の会議が、なぜこれほど人生を豊かにするのか？　人生を変える、新しい形のミーティング！

オスマン帝国全史
「崇高なる国家」の物語 1299−1922

宮下　遼
1650円 539188-4

多民族・多宗教の大帝国はいかに栄え、そして滅びたのか？　600年にわたる興亡を気鋭のトルコ文学者が描ききる、歴史の一大巨編の幕開け。

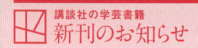

たくさんの視点で盲点をなくす！

――盲点をなくすために

74ページの図による体験で実感していただけたように、私たちは網膜上の盲点があることさえも感じ取ることができません。同じように説明者にとって、自分が慣れている事柄は、盲点のように「(自分にとって) 存在しない」ので説明し忘れるのです。

そこで説明の際には、次の二つの方法で盲点をなくすようにしてください。

一つ目は「他人の目」を利用することです。74ページの図の体験であなたの目には消えた黒い丸も、他人の目には見えるはずです。つまり、自分が話そうとしている説明内容を、なるべく第三者に事前チェックをしてもらいましょう。

私はこの本の著者ですが、自分が書き上げたものがそのまま製本されるようなことはありえません。なぜなら、著者は自分の発想、思い込みに強く捕らわれ、いろいろなことが見えていないからです。「盲点に気をつけよ」と書いている私自身にも、多くの盲点があるからです。その盲点に気づかせてくれるのが編集者です。冷静な第三者のチェックによって、初めて著者の独り善がりの個人的思い込みが是正されるのです。

盲点に気づく二つ目の方法は、自分の視点を動かすことです。

74ページの図の体験で、黒い丸があなたに見えないのは、視点を一点に固定しているからでした。他人の力を借りなくとも、あなた自身の視点を動かせば黒い丸は見えたはずです。

同様に自分の立場だけでものを考えているから、聞き手の気持ちが分からず、盲点に気づかないのです。想像力をたくましくして、今日、初めてあなたの説明を聞く人の気持ちになってみましょう。私も一生懸命、読者の気持ちを想像しながらキーボードを叩いています。

ルール5

説明もれに気づけ。

▼第三者に事前チェックしてもらえ。

▼聞き手の立場を想像せよ。

説明術⑥ 情報構造を浮かび上がらせろ

――いらだつ説明

先日、私たちのマンションで、管理会社によるマンションの大規模補修工事の説明会がありました。管理会社が事前に行ったマンションの傷《いた》み具合の検査結果を報告し、その検査結果を元に補修したほうがよいと思われる工事箇所を説明してくれるはずでした。

説明したのは建築関係の専門技術者らしい人でした。ところが、実に説明が下手なのです。早口でも、声が小さいわけでもないし、私も一生懸命に聞いているのに、なかなか要領を得ないのです。不思議議でした。

細々とした専門的な話が長過ぎるのですが、彼の説明が分かりにくいのは、それだけが原因ではないようです。

私たち住人が知りたいことは「どこと、どこが傷んでいて、そのため、ことこことに、こんな補修工事が必要で、総費用の見積もりは○○万円くらいです」という点です。ところが彼は、たとえば外壁の話を始めると、その傷み具合の専門的な話がだらだらと続き、結局、どこを修理すべきか、それがいくらかかるのか、住人がもっとも知りたい具体的な点に話が進みません。

要するに、伝えたい内容の事前整理ができていないのです。貴重な休日の時間を割いている私は、その場での思いつきで、ただただ自分の持っている情報を全部伝えようとしている彼の要領の悪い説明に、いらだちました。

――説明は「情報の調理」

この管理会社の社員には「説明とは、情報をただ与えることではなく、情報を事前に整理、加工して聞き手に渡す」という意識が欠けています。「情報をただ与えること」は「説明」ではなく「通知」です。

情報をただ与えるだけでは、レストランで、食材を調理せずにお客様に出すようなものです。レストランでは「調理の代行」というサービスを提供します。分かりやすい説明では「情報整理の代行」というサービスを提供します。

「情報整理の代行」とは、聞き手の脳内関所で行われる「情報整理・構造分析」（30ページの❸参照）作業の事前代行です。

脳内関所の作業負担軽減は「分かりやすい説明」にとっての根源でした。説明する情報を事前によく整理してから話せば、当然、聞き手の脳内関所の作業がそれだけ軽減され、情報がより早く脳内整理棚に入れられます。

つまり「分かった！」の瞬間がより早く来る「分かりやすい説明」となるのです。

情報をただ与えるだけでよしとするのは、料理の価値は食材だけで決まると考え、料理人の腕を認めないようなものです。そんな人に「料理がまずい」と文句を言っても「よい食材を使っているので、そんなはずはない」と答えるでしょう。

どんなによい食材も、調理していなければ美味しい料理とはいえません。

それでは、情報をどのように「調理」したら「分かりやすい説明」になるのでしょう。

その答えは、脳内関所の中核的作業である「情報整理・構造分析」を事前代行することです。脳内関所での「情報整理・構造分析」の負担軽減こそが「分かりやすい説明」の鍵です。

したがって、この作業内容を知る必要があります。

「情報整理・構造分析」のうち、前者の「情報整理」の実体は、実は後者の「構造分析」に他なりません。脳内関所が外部情報を整理する目的は「その情報の構造を明らかにしたい」からです。

では「情報の構造」とはいったい何でしょうか。左の英文法の説明例を読んでください。

＜情報整理前＞

他動詞に副詞を添える場合、副詞を目的語の前に置いても、後に置いても正しい。つまり「彼は帽子を脱いだ」を意味する場合、He took his hat off. でもHe took off his hat. でも正しい。意味上の若干の違いは、前者がoffを強調しているのに対し、後者はhis hatを強調している点。ただし、目的語がhis hatのような名詞ではなく、itのような代名詞の場合、目的語である代名詞を他動詞から離すことはできない。

＜情報整理後＞

「彼は帽子を脱いだ」を英訳すると、

○：He took his hat off.
　ニュアンス「彼は、帽子を脱いだのです」

○：He took off his hat.
　ニュアンス「彼が脱いだのは帽子です」

offの位置はどちらでも正しい。ニュアンスの差は、最後の語を強調している点。

「彼は、それを脱ぎました」を英訳すると、

○：He took it off.

×：He took off it.

目的語が代名詞の場合、他動詞から離してはならない。

――情報の構造を明らかにする

この例での〈情報整理前〉は、特別下手な説明というわけではありません。しかし〈情報整理後〉の説明のほうが分かりやすいことは、どなたにも異論がないでしょう。

なぜでしょうか。実は、脳内関所が行う情報整理とは、まさに、この〈情報整理後〉のような形に構造を浮かび上がらせることなのです。したがって、話し手が初めからこの作業を事前代行し「構造分析ずみ」の情報を送れば、聞き手の脳内関所がその情報をたちどころに脳内整理棚に送ることができて「分かりやすい説明」となるわけです。

言い換えれば、分かりやすい説明をするためには、初めから「情報の構造を浮かび上がらせる」ことが秘訣です。

整理されていない情報が生の食材だとすれば、構造を明確にされた情報とは、ムダをカットされ、とことん調理された料理ということになります。聞き手は、食材ではなく、皿にきれいに盛り付けられた美味しい料理を喜ぶのです。

「この商品は男性でない方々で、かつ、年配でない方々に最適です」と言うより「この商品は若い女性に最適です」と言うほうが脳内関所にとっては扱いやすい、分かりやすい情報構造になり

郵便はがき

112-8731

料金受取人払郵便

小石川局承認

1143

差出有効期間
2026年1月15
日まで

東京都文京区音羽二丁目
十二番二十一号

講談社
ブルーバックス 行

愛読者カード

あなたと出版部を結ぶ通信欄として活用していきたいと存じます。
ご記入のうえご投函くださいますようお願いいたします。

(フリガナ)
ご住所　〒

(フリガナ)
お名前　ご年齢　歳

電話番号

★ブルーバックスの総合解説目録を用意しております。
ご希望の方に進呈いたします（送料無料）。
1 希望する　2 希望しない

TY 000019-2312

この本の タイトル	(B番号　　　)

①本書をどのようにしてお知りになりましたか。

1 新聞・雑誌(朝・読・毎・日経・他:　　　　) 2 書店で実物を見て
3 インターネット(サイト名:　　　　) 4 X(旧Twitter)
5 Facebook 6 書評(媒体名:　　　　)
7 その他(　　　　)

②本書をどこで購入しましたか。

1 一般書店 2 ネット書店 3 大学生協 4 その他(　　　　)

③ご職業 1 大学生・院生(理系・文系) 2 中高生 3 各種学校生徒
4 教職員(小・中・高・大・他) 5 研究職 6 会社員・公務員(技術系・事務系)
7 自営 8 家事専業 9 リタイア 10 その他(　　　　)

④本書をお読みになって(複数回答可)

1 専門的すぎる 2 入門的すぎる 3 適度 4 おもしろい 5 つまらない

⑤今までにブルーバックスを何冊くらいお読みになりましたか。

1 これが初めて 2 1〜5冊 3 6〜20冊 4 21冊以上

⑥ブルーバックスの電子書籍を読んだことがありますか。

1 読んだことがある 2 読んだことがない 3 存在を知らなかった

⑦本書についてのご意見・ご感想、および、ブルーバックスの内容や宣伝面についてのご意見・ご感想・ご希望をお聞かせください。

⑧ブルーバックスでお読みになりたいテーマを具体的に教えてください。今後の出版企画の参考にさせていただきます。

ます。これは極端な例ですが、同じことを意味するもっとも単純な情報構造で説明しなさい、ということです。

――重複やムダのない説明

この「情報構造の明示」を実現するためには、構造を単純化することです。具体的には次のようになります。

情報構造を単純化する方法

❶重複、ムダを削除する。
❷「大項目、小項目」関係を明示する。
❸「対等、並列、対比関係」を明示する。
❹ポイント（要旨）を明示する。

重複、ムダのある説明とは、たとえば次のようなものです。

わが社には、これまでに、まず、英語から日本語への自動翻訳、そして次に、ドイツ語から日本語への自動翻訳、そして最後に、中国語から日本語への自動翻訳ソフトの開発、販売の実績があります。

この文章の重複、ムダを削れば、こうなります。

わが社には、外国語から日本語への自動翻訳ソフトの開発、販売の実績があります。これまでに、英語、ドイツ語、中国語に対応してきました。

「〜から日本語への自動翻訳ソフト」という繰り返しを避け、分かりやすくなったはずです。

――相互関係を明示した説明

話し手自身が事前整理を行わず、項目の上下関係（大小関係）、並列関係（対等関係）の整理を聞き手に押しつけてしまう説明とは、たとえば左のようなものです。

88ページには対比のため〈情報整理後〉の説明を示します。

＜情報整理前＞

「彼が成功するかどうか疑わしい」と英語で言いたい場合、I doubt that he will succeed.とI doubt whether he will succeed.との、どちらが良いと思いますか?

実は、この二つの英文は、どちらも文法的には正しいのですが、和文「彼が成功するかどうか疑わしい」に意味の上で対応する英文はI doubt whether he will succeed.が正しいことになります。一方、文法的には正しいI doubt that he will succeed.のニュアンスを正確に和文で表現すると「彼が成功することはありえない」「彼は失敗するでしょう」となります。

このように明確な否定、不信には、whetherやifではなく、thatを使います。つまり、意味が異なることに注意が必要です。一般的な「疑わしい」と言いたい場合、通常は、whetherやifを使います。ただし、最初の和文を否定したい場合、つまり「彼が成功することを疑いません」を言いたい場合、I don't doubt whether he will succeed.とは言えません。この場合には、I don't doubt that he will succeed.としか言えません。また「彼が成功するかどうか疑わしいと思いますか?」を言いたい場合、Do you doubt whether he will succeed?とは言えません。Do you doubt that he will succeed?が正しい英語となります。

<情報整理後>

「疑う」を意味する他動詞doubtの目的語を節とする場合、thatを使うかwhether（またはif）を使うか注意が必要です。

まず、大きく二つの場合に分けて考えましょう。１番目は肯定文の場合です。２番目は否定文・疑問文の場合です。単純な２番目のケースを先に説明しましょう。

否定文・疑問文の場合には、必ずthatを使います。whether（またはif）は使えません。I don't doubt that he will succeed. やDo you doubt that he will succeed? のように言います。

次に、少しややこしい肯定文のケースを説明しましょう。肯定文の場合、doubtをどのような意味で使うかによって、違ってきます。

「彼が成功するかどうか疑わしい。（話し手の思う成功率＝50％）」を言いたい場合は、whether（またはif）を使い I doubt whether he will succeed. と言います。一方「彼が成功するとは思えない。（話し手の思う成功率＝0％）」を言いたい場合は、that を使い I doubt that he will succeed. と言います。

肯定文の場合、普通の不信はwhether（またはif）、明確な不信は that と覚えてください。

〈情報整理前〉と〈情報整理後〉を読み比べて、いかがですか？

〈情報整理前〉も別に間違ったことを言っているわけではありませんが、話し手が思いついた順にだらだらと話しているに過ぎません。皿に盛り付けられた料理ではなく、食材を与えている典型です。これを聞いた直後の聞き手は、頭が混乱しているはずです。

一方、〈情報整理後〉は項目の上下関係（大小関係）、並列関係（対等関係）を事前に整理し、初めから浮かび上がらせた情報構造を念頭において説明しています。構造分析ずみの説明のほうが分かりやすかったはずです。

――曖昧な文章

もう一つ例文を挙げてみます。次の文章はある健康食品のラベルの説明文で、句読点を含め原文のままです。

> オリゴ糖は小腸で消化されず大腸にて若さを保つ善玉菌（ビフィズス菌）を増殖し老化を促進する悪玉菌を抑制する役目をします。

言葉の関係を曖昧にしない！

この文の主語らしきものを挙げると「オリゴ糖」「善玉菌」「悪玉菌」と三つあります。

一方、それを受ける動詞は「消化されず」「若さを保つ」「増殖し」「促進する」「抑制する」「役目をします」と六つです。

一文が長くなると、主語になるものと、それを受ける動詞がたくさん盛り込まれがちです。そうなると、どの主語がどの動詞と対になるのかが分かりにくくなります。

さらに、一文が長くなると修飾語と被修飾語が離れ離れになることがあり、どの語がどの語を修飾しているのかも曖昧になります。

「オリゴ糖」の主語を受ける動詞はどれでしょうか？　「消化されず」なのでしょうか？　それとも「若さを保つ」なのでしょうか？　ある

いは「増殖し」なのでしょうか？

もちろん、オリゴ糖についての知識のある人がこの文章を読めば、その知識に助けられて「オリゴ糖は」を受けるのは「小腸で消化されず」「善玉菌を増殖し」「悪玉菌を抑制する」であることが分かります。

しかしこの説明文の役割は、オリゴ糖についての知識がまったくない読み手に、意味を正しく伝えることです。オリゴ糖をまったく知らない人がこの説明文を読んだ場合、たとえば次のような解釈もできるのです。

善玉菌（ビフィズス菌）は小腸で消化されず、大腸で（善玉菌自身の）若さを保ちます。悪玉菌は（そのような）善玉菌を増殖する一方で、その老化を促進します。オリゴ糖は（そのような）悪玉菌を抑制する役目をします。

まったく違った意味になってしまいました。しかし、もしも「オリゴ糖」「善玉菌」「悪玉菌」などの名詞が、まったくなじみのない専門分野の名詞だったら、読み手がこのように理解する可能性は大いにあります。文法的には、このような解釈が可能だからです。

この説明文で伝えたい意図を明確にするには、たとえば次のようにしなければなりません。92

オリゴ糖は小腸で消化されず大腸にまで届きます。大腸には、人体の若さを保つ善玉菌（ビフィズス菌）と人体の老化を促進する悪玉菌がいます。オリゴ糖は善玉菌を増殖し、悪玉菌を抑制します。

このように書けば、誤解が入り込む余地を残しません。なぜでしょうか?

各文が短いため「主語と動詞」「修飾語と被修飾語」等の関係が単純明快だからです。文が長くなればなるほど、書き手が気づかない誤解の入り込む可能性が大きくなるのです。

原文が曖昧な理由のもう一つは、読点で意味別の区切り、グループを分けていないからです。つまり「構造を明示する」ことを怠っていることも曖昧さの原因です。

これらは「分かりやすい説明」全般に適用されるルールです。

そして情報構造を単純化する四番目の方法「ポイント（要旨）の明示」は簡単なことです。88ページの英文法説明の改善例でも利用しています。説明文の最後に添えられている、「肯定文の場合、普通の不信は whether（または if）、明確な不信は that と覚えてください」

が、これに該当します。「情報構造の明示」のダメ押しをしているのです。

――分かりやすい文章

情報を料理しやすい説明は、口頭の説明より、説明文書でしょう。「取扱説明書」「企画書」そして本書などは、すべて文章による説明です。「分かりやすい説明」に必要な原理は、当然、文章にも当てはまります。繰り返しになりますが、特に文章にとって大切な原則を列挙しましょう。

分かりやすい文章の原則

❶「読み手」の前提知識を考慮せよ。
❷まず、概要説明を行え。
❸適切な情報サイズを守れ。（一文の長さを短くせよ）
❹複数解釈を許すな。
★主語がどの動詞に対応するのかを明確にせよ。
★代名詞がどの語を指しているのかを明確にせよ。
★形容詞がどの名詞を修飾しているのかを明確にせよ。

★副詞がどの動詞を修飾しているのかを明確にせよ。

❺情報構造を明示せよ。

★対等な項目は箇条書きによって明示せよ。

★親子関係の項目は、大項目、小項目をそれぞれ明示せよ。

★読点で構造上の区切りを明確にせよ。

たとえば❸の「一文を短くする」ことによって、文章がスムーズに飲み込みやすいものになり、脳内関所の「サイズ審査」を順調に通過できるようになります。

逆に一文が長いと、脳内関所の記憶保持時間が短いため、文の最後のほうを読んでいる頃には、最初のほうに書かれていた情報が、トコロテン式に脱落してしまい、分かりづらくなるのです。

ルール6 情報構造を浮かび上がらせよ。

▼重複、ムダを整理せよ。

▼大項目、小項目の関係を明示せよ。
▼対比関係、同列関係を明示せよ。
▼キーポイントを添えよ。

説明術 ⑦ キーワードを使え

――一言で言い表せないか？

主張の真偽はともかく、昔、テレビ番組で次のような意見を聞いたことがあります。

子ども時代になんらかの理由によって、親からの十分な愛を感じ取ることができなかった人は、生涯、その代償を求めるような行動を取ります。精神病理の中には、子ども時代に親の愛を感じられなかったために、その不足感を埋め合わせようとする心理として説明がつく事例が多々あります。こうした心理が生まれる背景は、親が子どもに実際に愛をもっていたかどうかが重要なのではなく、子ども心に親の愛を感じ取ることができたかどうかが問題です。

親の立場からすれば辛いのですが、親の愛が実際にあったかどうかが問題ではないことを示す事例はたくさんあります。経済的困難から、愛する子どものための食費を稼ぐため、親が止むなく長時間の労働につかざるを得ず、子どもと接する時間が十分持てなかったというような場合にも、子ども時代に親の愛を感じられなかったがための愛情不足感を埋め合わせようという、こうした心理が起こるのです。

内容はさておき、説明術の観点で評価するなら、これは、ごく普通のレベルの説明です。しかし、もっと分かりやすい説明にできる方法があります。それはキーワードを使う方法です。

本書でも、たとえば「ビール瓶の原理」というキーワードを使いました。脳に入って来る情報が最初、容量が小さい脳内関所を通り、次に、脳内整理棚で半永久的に保管されるプロセスを、このキーワードで表現したのです。

――言葉の取っ手

このキーワードによって、同じ概念を言う場合、長々と説明を繰り返すことなく、短い表現でできます。こうすれば読み手や聞き手の脳内関所の負担も小さくなり、分かりやすくなります。

そこで、さきほどの説明に、キーワードを使ってみましょう。

子ども時代になんらかの理由によって、親からの十分な愛を感じ取ることができなかった人は、生涯、その代償を求めるような行動を取ります。「埋め合わせ衝動」とでも呼べる心の傷です。

精神病理の中には、この「埋め合わせ衝動」で説明がつく事例が多々あります。

「埋め合わせ衝動」が発生する背景は、実際に親が子どもに愛をもっていたかどうかが重要なのではなく、子ども心に親の愛を感じ取ることができたかどうかが問題です。

親の立場からすれば辛いのですが、親の愛が実際にあったかどうかが問題ではないことを示す事例はたくさんあります。経済的困難から、愛する子どものための食費を稼ぐため、親が止むなく長時間の労働につかざるを得ず、子どもと接する時間が十分持てなかったというような場合にも、この「埋め合わせ衝動」は起こるのです。

いかがですか？　造語の「埋め合わせ衝動」というキーワードを使っただけで、ずいぶん分かりやすくなったのではないでしょうか。

少し複雑な概念には気の利いた短いキーワードをつければ、再び同じ概念を説明する場合、話し手、聞き手の双方が楽をできるのです。

大きな荷物も、小さな取っ手をつけただけで持ち運びしやすくなります。キーワードは言葉の取っ手です。こんな便利なものを使わない手はありません。

ルール7　キーワードを使え。

第3章 説明術

応用編

この「説明術・応用編」では、第2章「説明術・基礎編」で紹介したことよりも、もう少し突っ込んだ八つの説明術を紹介します。中には「説明術・基礎編」でお話しした技術を組み合わせた、いわば複合技術もあります。

応用編も、脳内関所の働きに基づいている点では基礎編と同じです。

これらの応用編の説明術をマスターして、説明の達人を目指してください。

説明術 ⑧ 論理的に話せ

――その説明に説得力があるか

通勤電車内で毎日見かける広告で気にかかるものがあります。国家資格の受験予備校の広告なのですが、どうもそのポスターに書かれている宣伝文句に説得力がないのです。

「合格者の七〇パーセントが当予備校の卒業生です」と大きく書かれています。「だから、合格したい人は、当予備校に入学しましょう」と言いたいのでしょう。

しかし私は「不合格者の七〇パーセントもその予備校の卒業生かもしれない」と考えてしまいます。つまり「合格者の七〇パーセントが当予備校の卒業生」は、受験生の多くがその予備校生であることの証明にはなっても、その予備校生の合格率が高いことの証明にはなっていません。

その予備校生の合格率が高いことを納得させるには、たとえば「当予備校生でない受験生の合格率は五・五パーセントですが、当予備校生の合格率は、圧倒的に高い一二・八パーセントです」といった説明が必要です。

この広告は、もしかすると、意図的に曖昧にしているのかもしれません。しかしいずれにしても、基本的に論理的説明でなければ、どんなに小手先の説明術を弄《ろう》しても、説得力のある説明にすることはできません。「説得力がある」というのは「他人を同意させる力がある」ということです。

あなたの説明は、聞き手の脳内関所で論理性の審査が行われます（30ページ「脳内関所の作業項目❹」）。その審査で合格しなければ、そこから先の脳内整理棚に進むことはできません。非論理的な説明は脳内に入れず、説得力のないものになってしまいます。

たとえば、

「箱の中に赤い球と白い球が一つずつ入っています。赤い球を取り出して、箱の中には白い球が残っています」

という説明は、脳内関所で通行を許可され、無事、脳内整理棚に格納されます。ところが、

「箱の中に赤い球と白い球が一つずつ入っています。赤い球を取り出して、箱の中には赤い球が残っています」

という説明は、脳内関所での論理性審査によって「理屈に合わない」情報として拒絶され、脳内整理棚には入れられないのです。

非理論的な説明では脳内関所を通れない

「論理的である」ことは「分かりやすい説明」のきわめて重要な要素の一つです。論理的であることを「説明がつく」と言い、非論理的であることは「説明がつかない」と言うのは、このことを指しています。

説明をする場合、聞き手の脳内関所で拒絶されるような非論理的な部分がないかどうかを事前にチェックし、もし、そのような部分がみつかったら、取り除いておかなければなりません。いわゆる理論武装で、やはり「脳内関所作業の事前代行」の一つです。

――説明の「詰め将棋」

私はプレゼンなどの理論武装のために、作成し終えたスライドを見ながら、一人でリハーサルをします。聞き手の心理も想像しながら「こう反論してきたら、こう説明する」というように考えるのです。

実際のプレゼンなどでは、その場で聞き手が反論したりしないのが普通です。しかし黙って聞きながら、心の中であれこれ批判的に聞いているものです。そこで聞き手の批判的視点を考慮して、理論武装しておくわけです。

この作業は「詰め将棋」を作るのに似ています。詰め将棋では、相手がどのように応戦しても必ず自分の勝ちに導く局面を作るわけです。プレゼンの準備、自社品を消費者に売り込むセールス・トークの準備などでも、聞き手がどう応戦しても、必ず自分の説明を納得させるシナリオを作るわけです。

こうして理論を磨き上げる作業は、大工さんのカンナがけにも似ています。

カンナをかけた材木の表面を指先でなぞり、まだ粗い部分を発見すると、再びカンナで削ることを繰り返して、完全にスベスベに仕上げていきます。プレゼンの準備でも、説明の中に、まだ論理的に粗くて聞き手の脳内関所に拒絶されそうな部分を発見すると、再度カンナをかけます。つまり、論理的に矛盾のないように修正します。

カンナがけが完了した木材の表面がスベスベなように、理論武装が完了した説明も理路整然となります。こうして、聞き手の脳内関所をスイスイ通過することができる「説得力のある分かりやすい説明」となるのです。

――説得力は数学の証明から学べ

それでは、論理的な説明を準備するためには、具体的にどうしたらよいのでしょうか？

論理的な説明の最たるものは数学の証明ではないでしょうか。数学の証明は、一〇〇パーセント他人を納得させるものでなければなりません。

そこで簡単な問題で、理論武装のシミュレーションをしてみます。

昔習った数学の証明問題を思い出してみましょう。たとえば「二等辺三角形の二つの底角は等しい」ということをまだ認めていない人々を説得する証明（説明）です。

数学の証明では、一つの主張（説明）が確実に納得してもらえたことを確認してから、次の主張に移ります。

「二等辺三角形の二つの底角は等しい」を証明するための最初の主張（説明）は「二等辺三角形の両辺の長さは等しい」になります。これに異議を唱える人に対しては「だって、それが『二等辺三角形』の定義ですから。定義は『疑う』対象にはなりえないでしょう？」という、誰にも納

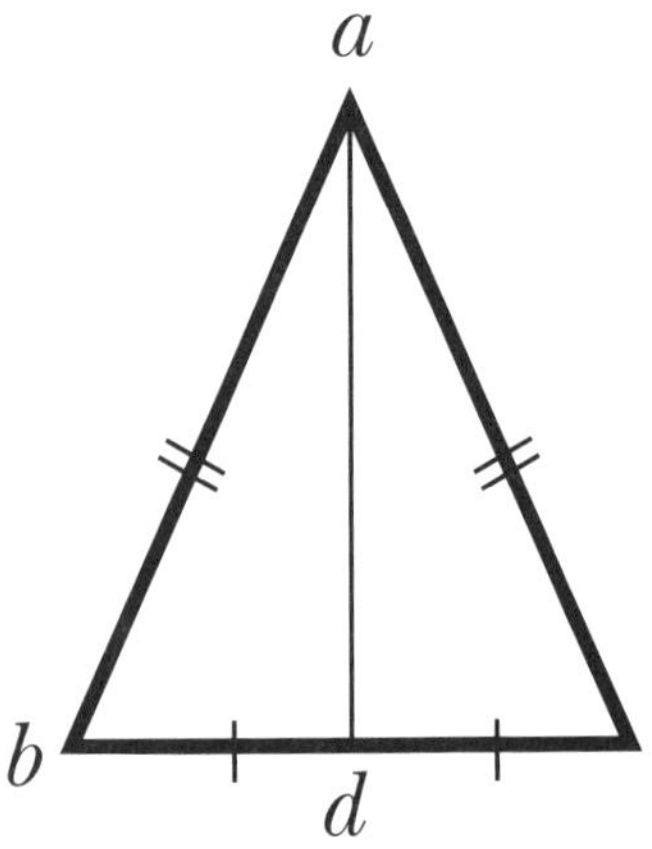

三辺の長さがそれぞれ等しい三角形は合同

得してもらえる反論が可能です。

次の主張は「二等辺三角形の頂点から底辺の中心まで線を引くと左右両側に二つの三角形に分割できる」です。さらに「この二つの三角形に注目すると、三つの辺の長さがそれぞれ同じ」と続きます。

当然、この主張に異議を唱える人に対しても「裏付け」が用意されています。

「だって、さっき両辺が等しいことは認めたでしょう。そして頂点から底辺の中心に線を引いたのだから、左右の三角形の底辺の長さは同じでしょう。そして、二つの三角形が接している辺は、同じ線だから当然、同じ長さですよね」

こうして、「左右の二つの三角形は、三辺の長さがそれぞれ同じ」という主張は納得してもらえることになります。

そこで次に「三辺の長さがそれぞれ等しい二つの三角形は合同」と主張します。これに異議を唱える人に対しては、「三角形の合同条件」を「裏付け」にして説得できます。必要なら、すでに納得してもらっている合同条件までさかのぼって、同じ説明を繰り返せばよいのです。

こうして最後に「二つの三角形は合同なのだから、対応する三つの角の大きさもそれぞれ等しい。だから、最初の大きな二等辺三角形の二つの底角は等しい」と言えるわけです。

これで「二等辺三角形の二つの底角は等しい」ということを、論理的に分かりやすく説明できました。

——理論武装のための二つのポイント

さて、今見てきた数学の証明から「分かりやすい説明」「論理的な説明」のために学べる教訓は次の二点です。

理論武装のためのポイント

❶一つ一つの説明に「裏付け」を用意する。
❷すでに納得してもらえた説明は、別の説明の「裏付け」に再利用する。

裏付けが用意されていない説明は、それこそ「根拠のない主張」「非論理的な主張」として、聞き手の脳内関所で一蹴されてしまいます。そして❷の「すでに納得してもらえた説明は、別の説明の『裏付け』に再利用する」手法は、数学に限らず論理的な説明のためには欠かせません。

ただし、ここで注意したいのは「裏付け」を用意する対象である「一つの説明」を大きな塊にするか、小さな塊にするかという点です。

大きな単位の説明にしか裏付けが用意されていなければ「きめが粗い」説明になります。小さな単位にまで用意すれば「きめ細かい」説明になります。

どこまで準備するかは状況と余裕しだいで変わるでしょう。

――ペイオフにどう備えるか

数学の証明問題というのでは、説明術としては今ひとつ実感に欠けるかもしれません。そこでもっと現実的な例を紹介したいと思います。

二〇〇二年四月に銀行の定期預金に関してペイオフ解禁となりました。ペイオフ解禁とは、銀行に経営破綻などあった場合、最悪一〇〇〇万円までしか保護されないという制度です。

私のマンションの管理組合では、住人から月々徴収する管理費の中から、将来の大規模補修工事のために資金を積み立てていました。ペイオフ解禁となった当時、マンション管理組合の積立定期預金の累積額は一〇〇〇万円を軽く超えていました。そのため、当時の理事会には、何らかのペイオフ対策を取るべきだ、との意見が寄せられていました。

理事会の出した結論は「預金している銀行は大手なので、今日明日、破綻するなどという確率は小さいものと思われます。従って、当面は対策を取らないこととしました。なお、世間の動向から、そのような危機が予想される事態が起こった時点で、改めて本件を検討したいと思います」というものでした。

つまり、一〇〇〇万円を超える預金を複数の銀行の口座に分散したり、また当時ペイオフ解禁の対象にはなっていなかった普通預金口座に移し変えるなどの措置を取らない、としたのです。

この理事会の方針に猛反発する住民も多数いました。私も反対でしたが、自分自身が数年前に理事長という大役を体験していたので、どのような経緯で理事会がそのように決定したか、おおよそ推測できました。

ありていにいえば「めんどうくさかった」のだと思います。順番制で嫌々ならされた理事会の役員メンバーは、自分たちの在任中にめんどうな事が起こらないでほしい、わざわざ手間暇かけたくない、というのが本音でしょう。

――論争の行方

その安易な決定に反対する住人は、理事会に対し、臨時の説明会開催を求めました。

説明会での理事会の主張と反対派住人との論戦は、実に興味深いものでした。反対派の急先鋒である一人の住人の発言がとくにおもしろく「論理的主張」のテーマの参考にもなるので紹介します。

反対派代表X氏は、いきなり、こう切り出しました。

「理事長のご自宅では、留守にする際、玄関の鍵をかけますか?」

唐突な質問に、質問された当の理事長だけではなく、説明会参加者全員がけげんな表情をしました。しばらくしてから、理事長は不愉快そうに、

「本日のテーマと関係がなく、回答する必要がないように思えます。関係があるのですか？」

と答えました。X氏は続けました。

「ペイオフ対策は、一種の危機管理であり、戸締まりも一種の危機管理です。そこで、我々住人は、理事長の危機管理に対する基本姿勢を知りたいので、お尋ねしました」

すると理事長は、仕方なく、

「それは、留守にするときは、当然、戸締まりはします」

と答えました。以下、X氏と理事長のやり取りが続きました。当然、途中で他の人たちの発言もありましたが、記憶をたよりに、二人のやり取りの骨子を書きます。

X氏「留守にする時、なんのために戸締まりをするのですか？」

理事長「空き巣を防ぐためです。戸締まりをしても入られるときは、入られますが……」

X氏「空き巣狙いがたまたま理事長の自宅を狙う確率は、毎日、一パーセントより大きいと思いますか、小さいと思いますか？」

理事長「そんなこと分かるわけないでしょう！　とにかく留守の時の戸締まりは常識ですから」

X氏　「今日のテーマに関して確認したいのですが、理事会がペイオフ解禁に対し、対策を取らないこととした理由をもう一度説明してください」

理事長「○○銀行は大手中の大手であって、破綻するなど考えられず、対策を取ることはムダだからです」

X氏　「『破綻するなど考えられない』という意味は『破綻する確率が非常に小さいと予測されている』という意味ですか?」

理事長「そうです」

X氏　「確率が小さい事態には備える必要がない、というご趣旨でしょうか?」

理事長「ムダだ、と言っているのです」

X氏　「ご自宅が空き巣に狙われる確率が一パーセント以上であるかどうか分からない、と先ほどご説明されました。それは、その確率が一パーセント以上と断言できるほどには高くない、という意味になります。つまり、理事長は、ご自宅が空き巣に狙われる確率が、判断がつかないほど小さいと判断しておられます。ペイオフ対策の方針では『確率が小さい事態には備える必要がない』という方針を取られ、空き巣対策には『確率が小さい事態にも備える』という異なる方針を取られる。この違いは、なぜかをご説明いただけますか?」

理事長「……それは……空き巣に入られる確率よりも、○○銀行が破綻する確率のほうがはるかに小さいからです……」

X氏「そこまで数値的裏付けがあるのなら助かります。それでは、それぞれの確率の計算根拠を教えていただけますか？」

理事長「…………」

X氏「計算根拠なしに、なんとなく銀行破綻の確率のほうが空き巣より確率が小さいとご判断されているのですか？」

理事長「…………」

X氏「ところで、ペイオフ対策を取らない理由として『確率が小さい事態には備える必要がない』とおっしゃいました。薬害エイズ事件で厚生省が非加熱製剤の輸入を禁止しなかったことについても、似たようなことを理由としていました。『非加熱製剤でエイズが伝染するなど、ほとんどないだろう』と。今回のペイオフ対策を取らない理由が『確率が小さい事態には備える必要がない』とのことでしたが、理事長は、なぜ、厚生省が世間で批判されているとお考えですか？」（注：薬害エイズ事件とは、一九八〇年代、血友病患者などの薬剤として輸入されていた非加熱製剤にＨＩＶ（エイズウイルス）が混入していたた

め、血友病患者などにＨＩＶ感染が拡大した薬害被害のこと）

理事長「…………」

——Ｘ氏の理論武装

Ｘ氏の主張は、110ページで挙げた理論武装の❶一つ一つの主張に「裏付け」を用意する、❷すでに認められた「主張」は「裏付け」として再利用する、の二つを実践していました。

たとえば「確率が小さい事態には備える必要がない」が誤りであることを主張するため、裏付けとして、誰もが認める旧厚生省の失態を引き合いに出しています。

また、戸締まりの話を出して、理事長自身が「確率が小さい事態にも備える」行為をしていることをいったん認めさせ、次にそれを裏付けとして、ペイオフ対策でも同じではないか、と主張しています。

こうしてＸ氏は理事会の決定の不合理性をはっきりさせることができたのです。

Ｘ氏は、冒頭に、一見とっぴょうしもない話を持ち出してみんなの注目を集めたり、巧みな比喩を使ったりと、他の手法もいろいろ使っています。しかし何よりも論理的である点が、みんなを納得させたのです。

X氏は事前にこのような理論武装をしてから説明会に臨んだはずです。

このように、用意した「裏付け」を説明の中に直接組み込むか、あるいは「突っ込まれた場合」の秘密兵器として温存しておくかはあなたの判断、状況次第です。実際に日の目を見ることがなくても「裏付け」を十分に用意した説明は、あなたの自信ある態度につながります。その自信ある雰囲気も間接的に説得力を生み出すのです。

――視点をそらせ

時間的余裕がなく、裏付けの準備が十分でないような場合もよくあります。そんな時はどうしたらよいでしょうか。

こんな場合、手品師の技が参考になります。手品師は次々と手際よく「見せて」いきます。たとえば、左手でポケットからタネのコインをこっそりと取り出したい場合は、右手を高く掲げ、その指先から赤いバラを出して見せ、観客の注意を左手からそらします。

説明に弱点がある場合は、非常手段として、聞き手の注意をその弱点からそらせることです。

説明の弱点から注意をそらす方法

❶弱点部分の説明は、説明術①（41ページ）で述べた「タイムラグ」を使って、なるべく冒頭で聞き手の視野がまだ暗いうちに済ませてしまう。
❷弱点部分の説明には、あまり時間をかけず早口で説明する。
❸弱点部分の説明の直後に、逆に「強固な裏付けがあり、かつ、聞き手が関心を持ちそうな話題」を説明する。
❹弱点部分の説明に、正しいと広く認められている、一見似て非なる別の話を比喩として使う。

これらは単純な「説明」に留まらず、ディベートや交渉での弱点カバー術でもあります。

ただし、これらは時間的余裕がない場合の応急措置に過ぎません。論理的弱点がある説明ということは「正しくない事の説明」であるわけです。できるだけ早く、正しい説明に改めなくてはならないのは言うまでもありません。

ルール8

論理的な主張をせよ。

▼主張の裏付けを用意せよ。
▼承認ずみの主張は「新しい裏付け」として再利用せよ。
▼分かりやすさの障害となる非論理的な弱点部分は隠せ。

説明術 ⑨ 比喩を使え

――「分かりやすさ」に欠かせぬ比喩

分かりやすい説明に、比喩（たとえ話）は欠かせません。説明術⑧で紹介したX氏のように、巧みな比喩は実に有効です。また会議などで、発言の時間が十分ないような時にも、上手に比喩を使えば、聞き手に早々と理解してもらえるでしょう。

比喩とは、一見まったく異なる事柄を「その本質において同じ」ことを示すことです。「これから私が説明しようとしている事は、あなたがすでに知っているあいのい例と同じですよ」というのが比喩です。

なぜ、比喩が説明を分かりやすくするかは、脳内関所の作業を考えれば分かります。

脳内関所では、入ってくる情報の構造を整理、分析し、意味を確定しようとします。外部情報の永住地である脳内整理棚内での意味別区画を決定するためです。

前に書いたように、この作業は郵便物の仕分け作業に似ています。封筒や葉書に書かれている住所によって、都道府県別の整理棚の一区画に仕分けするからです。

しかし一つ大きな違いがあります。本物の郵便物の仕分け作業では、封筒に住所が書かれていますが、脳内関所に入ってくる外部情報には「住所」が書かれていません。その分、脳内関所の仕分け作業は大変なのです。

ところが比喩は、その情報を脳内整理棚のどの意味別区画に格納すべきかを、初めから指示してくれる「住所ラベル」です。仕分け作業が早くなり「すぐに分かる」「よく分かる」のは当然です。

―― 比喩のデータベースを持つ

比喩下手な人は、自分がする説明を、その核心が明確になるほどまで分析、整理できていない人なのです。自分の説明の核心をつかんでいるなら、同じ核心を持つ有名な話、歴史上の話、ことわざを思いつくことができるはずです。

そのためには、日々体験することに対し、一つ一つその本質を考え、噛み砕き、自分の脳内整理棚にキチンと格納しておくことです。そうすれば、新しい事も「本質においては、過去のあれと同じだな」と比喩を思いつくことができます。

「丁寧に整理して格納しておけば、すぐに取り出せる」という単純な原理です。このようにして比喩のデータベースを作っていきます。

とはいえ、現実問題として「日々の体験の本質を考え、思慮深く生活する」のはむずかしいかもしれません。そこで安直ですが、人生体験の英知（本質）が蓄積されている格言、ことわざの知識を収集するのも一つの手です。数百円で格言集なども売っています。

比喩には、別にむずかしい格言を持ち出す必要はありません。むしろ、有名なやさしい格言ほど聞き手に分かりやすいと言えます。

「いわゆる、二兎《と》を追う者は一兎をも得ず、となります」「井の中の蛙《かわず》大海を知らず、のように……」「医者の不養生と同じで、専門家ほど……」と言うだけで、比喩の「住所ラベル」効果によって、説明の意図がすぐに聞き手に正確に伝わります。

比喩上手になって、説明上手になりましょう。

ルール9 聞き手が知っている事例にたとえよ。

▼格言、ことわざを普段から仕入れよ。

説明術⑩ 聞き手の注意を操作せよ

――企業の意図vs.記者の意図

仕事柄、よく記者会見を開くことがあります。新製品の発表、あるいは他企業との提携、協力関係の発表など、その内容は多岐にわたります。担当するのは広報部の担当者だったり、あるいは新製品の発表の場合は、その担当部署の管理職だったりといろいろです。

企業の記者発表には、当然、自社に有利な記事を書いてもらいたいという動機があります。そういう場合の説明は、真実をありのまま、ただ正直に発表するのではなく、記者たちを企業の意図する方向に巧妙に誘導しようとするのが常です。新製品の発表なら、当然、記者にその製品に好印象を持ってもらい、好意的な記事を書いてもらいたいからです。

もちろん、記者たちも百戦錬磨のつわもの揃いですから、企業のそんな意図を見透かし、逆に隠された真実を何か発見できないか、虎視眈々と狙っています。

ある企業との提携の記者発表で、担当した広報部員の説明があまりに下手だっただけではな

聞き手を上手に誘導する

く、質問した記者を怒らせてしまい、かなり不利益な記事を書かれてしまったことがありました。

　同席していた私には、その広報担当者は、説明下手というだけではなく、記者発表という場に臨むには、何か根本的なセンスに欠けているように見えました。

　まず、その記者発表に対する自社の意図、ならびに猜疑心《さいぎしん》旺盛な記者たちの思惑を理解していないようでした。

　触れる必要のない話をして、記者に突っ込むスキを与えてしまう。記者に誘導尋問をされているのに、その意図を見抜けずに、言わないでよい話を正直にしてしまう。しまいには、しつこく質問する記者に向かって感情的になってしまうなど散々でした。

そのためだけではないでしょうが、この広報部員はその後間もなく異動しました。

――誘導する説明

説明が「説得」という目的を持った場合、話し手は、オーケストラの指揮者のように、説明会の場を取り仕切らなければなりません。説得とは「自分の意図通りに理解してもらう」ことです。あえて悪い言い方をすると、聞き手の注意をある方向に誘導していこうという基本的意図、記者たちの注意を自分が操作してやろうという意欲がなければ、うまく行くはずがありません。

記者会見で担当者に必要なのは、記者の表情、質問などからその場の雰囲気を読むセンス、記者たちの心理を先読みするセンス、記者の心理を先回り、待ち伏せして適切な納得のいく説明を展開するセンスなどです。

聞き手の注意を意図する方向に誘導するこのような能力は、生まれつきのセンスなどではありません。訓練次第で、誰でも身につけることができます。そしてその要点は、わずか二つです。

①　問いかけよ。

②　「まとめ言葉」を使え。

――「前」の質問・「後」の質問

説明者が聞き手に問いかけるのは、説明内容を聞き手にハッキリさせる点で非常に有効な手段です。質問のタイミングには「前」と「後」があります。

たとえば学校の授業では、先生が、しばしば教えたことに関し「後」で生徒に質問します。これによって、「復習効果」「まとめ効果」が期待できます。説明の場合も、話したことを「後」で質問することで、聞き手の理解度を確認できます。

本書を例に挙げるなら「分かった、という瞬間は、脳内の働きで表現すれば、どういう瞬間だったでしょう?」と問いかけることなどです。

しかし本当に重要なのは「後」ではなく「前」にする質問です。

何の「前」かと言えば「キーポイントの直前」です。キーポイントの直前で問いかけることにより、そのキーポイントを強調し、聞き手の注意を引きつけることができます。

たとえば本書でも「タイムラグの時間を上手な説明にどう活かせばよいのでしょうか?」というような問いかけを随所で行っています。このような問いかけによって「次に、この質問の回答として、キーポイントを説明しますよ。聞き逃さないでくださいね」という合図となっていま

脳内関所に呼びかける！

す。

――問いかけの効用

説明を聞いている間、聞き手の脳内関所では、情報の処理で大忙しです。あまりにも忙しいと、時には情報の取りこぼしも起こるでしょう。

枝葉末節の情報の取りこぼしは問題ありません。しかし、説明の骨子にかかわるキーポイントは、脳内関所でキチンと捕捉、処理してもらいたいところです。

こんな時に、脳内関所の作業の流れを一時停止させ、次に送る重要な情報を注視させる方法が「問いかけ」です。

問いかけがあると、脳内関所内作業員が全

員、手を止めて関所の入り口を注視します。注目されながら入ってくる新しい情報は、間違いなく捕捉され、正確に処理されるでしょう。

問いかけの役割は「次にキーポイントが来る」という合図だけではありません。これから説明する話の概要説明の役割もあります。たとえば「タイムラグの時間を上手な説明にどう活かせばよいのでしょうか？」との問いかけは「それでは次に、タイムラグの時間を上手な説明にどう活かせばよいかをお話ししましょう」と言うのと同じだからです。

冒頭で概要説明をすることがいかに大切かは、これまで何度も繰り返してきたとおりです。

このように、説明中の問いかけは「キーポイントの予告」「次に続く情報の概要説明」という二つの役割によって、それ以降の説明に対する聞き手の理解力を飛躍的に高めます。

ただし、問いかけを乱用するとその効果が薄まるので、限られた貴重なキーポイント情報の直前だけに絞って活用します。

――「まとめ言葉」を使え

聞き手を誘導するもう一つの方法として「まとめ言葉」も効果的です。

話し手からの情報は、聞き手の脳内関所で処理され、最終的に脳内整理棚の一区画に納められます。脳内整理棚の選定という、脳内関所内の最初の作業を助けるのが「冒頭での概要説明」でした。また、初めから住所ラベルを外部情報に添付することによって、脳内関所の住所決定作業を容易にするのが「比喩表現」でした。

そして、ここで言う「まとめ言葉」とは、脳内関所で住所がほぼ決定されつつある状態のときに「ダメ押し」で、脳内整理棚内・住所を指定する説明術です。

まとめ言葉とは、「要するに……」「何が言いたいのかといいますと……」「つまり……」「誤解していただきたくないことは……」「結局……」などの言葉です。

そこまでに話したことは聞き手の脳内関所で吟味されて、今まさに脳内整理棚の一区画が決定されかかっているところです。そんな時に、これらのまとめ言葉は「そうです。その情報の格納先の住所は、×××です」とダメ押しすることによって、住所確定作業を助けるのです。

聞き手が、意味の解釈に少し迷いがあったとしても、これらのまとめ言葉によって、ピタッと情報の格納先が決まり「なるほど、分かった！」との実感になるのです。

ルール10

聞き手の注意を操作せよ。

▼要点を話す前に「問いかけ」で注視させせよ。

▼「まとめ言葉」で聞き手の整理を助けよ。

説明術 ⑪ 引率せよ

――ポン太との別れ

先日、我が家で飼っていたフェレット（イタチ科の小動物）のポン太が他界しました。七年ほど飼っていたため、完全な家族の一員でした。世話をしていた妻は、とくに、実の子を失ったかのように悲しみました。私もよくいっしょに遊んでいたので情が移っており、死別の辛さを味わいました。

私の子ども時代は、ペットが死ねば、自宅の庭に埋めて冥福を祈りました。あいにく現在はマンション暮らしです。そこで動物霊園に埋葬したいと考えました。

ネットで探すうちに、自宅から車で四〇分ほどのところに一ヵ所みつかりました。

そのＷＥＢサイトでは、冒頭の短いアニメで、少年が愛犬を失い、いっしょに遊んだ思い出や、死別の悲しみ、そして合掌して冥福を祈るまでの様子をほほえましく紹介していました。ペットを亡くして悲しみにくれる飼い主の心情を実によくとらえたアニメでした。

このアニメが決め手となって、その動物霊園に決めました。WEBサイトの感じのよさから、その動物霊園の経営姿勢を推し量ったからでした。しかし、それが間違いでした。

動物霊園はどこだ？

ポン太の遺体を抱いた妻と車で出かけました。WEBサイトにあった地図には、駐車場の位置が書かれているだけでした。当然、駐車場は霊園に併設されているか、すぐ近くにあるものと思っていました。

ところが、現地でネットの地図を拡大してみても、その駐車場をみつけるのに一苦労しました。複雑な道を進んだ先にあったことに加え、その駐車場への案内板などが小さ過ぎて目立たなかったからです。センスのよいWEBサイトでそれなりの期待をしていただけに、よけい失望しました。とくに、薄いフェルトペンで手書きしただけの小さな駐車場のその看板を見て、この動物霊園の本当の経営姿勢が見えたようで心中、暗雲が垂れ込めてきました。

悪い予感は次々と的中しました。車から降りて駐車場の周囲を見渡しても、それらしい建物など見当たらないのです。きっと駐車場の中か、囲いの塀に、道順を示す地図があるに違いないと思いながら探すのですが、みつかりません。

ついに、その動物霊園に電話し、道順を教えてもらいました。そう単純ではなく、メモを取りながら理解するのに必死でした。分かりやすい地図の案内板を駐車場に設置すれば、初めての来訪者が電話で道を聞いたりはしないでしょうし、従業員にとっても楽なはずです。私が経営者ならすぐにそうします。

駐車場から七、八分歩き、やっとお寺のような建物の動物霊園にたどり着きました。ところがその敷地内に入って、私の心中では、ただの雨が嵐に変わりました。

なじみのない動物霊園などという敷地内に入り、私たち家族は、これからどういう手順で、どう行動してよいのやらまったく分からず、不安な気持ちで一杯でした。従業員らしい人がその辺を歩いているのですが、入ってきたばかりの私たちに誰も話しかけたり、誘導する気配がありません。駐車場同様、最初にどこへ行って、どうすればよいのかの案内標示等もありません。やっと、建物奥の事務所らしき所を自ら探し出して、こちらからいろいろ尋ね、ようやくシステムを理解できました。

車で四〇分もかけてせっかく出かけて来ているので、印象は悪かったのですが、結局、その霊園を利用せざるを得ませんでした……。

――説明は「引率」

第1章で、効率的社会では、サラサラと流れる血液のように円滑な人の流れが大切だと述べました。「分かりやすい説明」で人を誘導、引率することは、健全なビジネスのキーポイントです。

にもかかわらずこの動物霊園は、WEBサイトのセンスを除けば、すべての点で「人の流れ」を誘導しようという意志が感じられません。

人は迷わされることが嫌いです。「迷う」というのは「自分がどこにいるか分からない」という意味でしょう。これは町を歩いている時のような物理的空間の中で迷う場合だけではなく、説明を聞く時も同じです。「今、どこ（何）を説明されているか分からない」のは嫌なものです。

あなたが説明をする時も、聞き手にこんな不快感を与えないように配慮することが大切です。

ちょうど団体旅行の添乗員や観光地のバスガイドの引率の心構えが参考になります。

たとえば添乗員が博物館を案内するとしたら、次のような感じです。

添乗員の気配り

❶まず、博物館の構造、展示物の量、配置などを説明する。
❷ポイントになる展示物のところへグループを連れていく（引率）。その際、高齢者や障害者など、足腰の弱い人の歩行速度に合わせて、ゆっくりと無理のない速度で歩く。
❸移動（引率）中は、時々振り返り、グループ全員が後をついてきているかを確認する。
❹時々、今見ている展示物が博物館全体の中のどのテーマ区画に属するのか、また、まだ見学していない展示物がどれくらいあるかなどを知らせる。

――まず全体像を示す

この添乗員の気配りには、説明する時の大切な心構えが示されています。たとえば説明の一形態であるプレゼンと比較して考えてみましょう。

❶は全体の中で自分が今どこにいるかを示す概要説明になります。

最初に概要を示せば関所を通りやすい

一日がかりのプレゼンなら、その日冒頭で全体の概要を話します。

さらに、プレゼン全体が七章に分かれていたら、一日の冒頭だけではなく、各章の冒頭でその章の概要を話すことにも該当します。つまり節目、節目で「これから話すことの概観」を与えるのです。

なぜ、これから話すことの概要を先に話すことが大切なのでしょうか。

もちろん、本書で何回も強調してきた、聞き手の脳内関所で行われる「脳内整理棚の選定」を助けるためです。

このプロセスを抜かしてしまうと、聞き手に受け皿がないため、あなたの話す内容は、途中の脳内関所で失われてしまい、永久保管庫の脳内整理棚に届くことはないのです。

――これからの展望を示す

また「冒頭で概要を話す」ことは、これから先の全行程がどれほどなのか、の「展望」「見通し」を与えることでもあります。人は「展望」を持てない「迷った状態」「この先どうなるか分からない状態」を嫌うのです。

あなたが、故障で止まった満員電車の中に二〇分間閉じ込められた場面を想定してください。この時、車内アナウンスなどの説明がいっさいなく、ただ二〇分間待たされた時の気分はどうでしょう。一方、車内アナウンスなどで、電車が止まった理由や復旧までの予想時間が二〇分ほどだと知らされた場合はどうでしょう。閉じ込められた時間は同じ二〇分間なのに、事故の状況や待ち時間などの「見通し」「展望」を説明されたほうが、不快感は少ないはずです。

ネットで動画など大きなサイズのファイルをダウンロードするような場合、処理に時間がかかり、待たされる場合があります。

このような場合、たいてい、画面に棒グラフ状のものが表示され、処理の進行とともに、それが青色などに塗られていくような工夫がされています。三分の一青くなったら処理は三分の一終了、全体が青くなったら処理終了、という具合に処理の進捗状況と残りの処理量が一目で分かるのです。待たされるイライラが、こうした工夫で随分と軽減されます。これは、全体の作業量と現在までに終えた処理量、あるいは残りの処理量が分かるためです。

同じ時間を待つのに、どれだけ待てばよいか事前に「知って待つ」のと「知らないで待つ」のとでは不快感において、天と地ほどの開きがあります。人は常に展望を持っていたいのです。迷うことが嫌いだからです。

これから先の全体像を与え、説明中も時々「現在地」を教えてあげること——この二点が、聞き手を迷わせず、不安を与えないポイントです。

——ついて来ているか？

人を引率するときは、もちろん走ったりせず、ついて来られない人、はぐれたりする人が出ないように、ゆっくり歩いて誘導します。さらに、一方的に前を向いて歩くだけではなく、全員が揃っているか、時々、後ろを振り返って確認します。遠足などで、この心構えを決して忘れない幼稚園の先生の姿勢がよいお手本です。

「分かりやすい説明」では「ゆっくり話し、落ちこぼれている人がいないかどうか、時々聞き手の表情を確認しながら、慎重に話す」ことに該当します。

英語の Do you follow me? は、直訳すれば「私についてきていますか？」ですが、「私の話をちゃんと分かっていますか？」という意味でもあります。あなたも、何かの説明をしている最中、引率の気持ちを忘れないように、心の中で Do you follow me? と時々つぶやいてみましょう。

――迷わせないWEBサイト

聞き手をうまく引率することが大切なように、WEBサイトでも、アクセスした人を迷わせないことが大切です。

よいWEBサイトの条件の一つは、全体の「構造」が分かりやすいことです。

一つのWEBサイトは、美術館、図書館、博物館、展覧会、遊園地といった展示場に似ています。そうした場所の「分かりやすさ」と、WEBサイトの「分かりやすさ」には共通点があります。

また、商品販売を主な目的とするWEBサイトは、大型のショッピング・モールと同じと考えてもよいでしょう。情報検索を目的とするWEBサイトは図書館とみなせます。

これらすべてに共通するのは「空間的広がり」です。ＷＥＢサイトにも仮想空間としての広がりがあります。この空間の中で入場者を迷わせない工夫が肝心です。人は迷わせられるのが嫌いだと書きました。これは、ＷＥＢサイトという仮想空間でも同じことなのです。

人が迷うのは、訪問先の「全体地図を持っていない」、あるいは「自分の現在地を見失う」、あるいは、この両方が同時に起こることです。そこでＷＥＢサイトの閲覧者を迷わせないようにするには、この二つのことが起こらない工夫をすればよいのです。これが「分かりやすいＷＥＢサイト」を作る根本です。

ただしＷＥＢサイトの構造自体が複雑怪奇では、いくら全体地図と現在地を閲覧者に与えても、当然「分かりやすいＷＥＢサイト」とはなりえません。そもそも複雑で怪奇な構造の博物館では、いくら全体地図を入館者に渡しても、分かりやすい博物館にならないのと同じです。したがって、ＷＥＢサイトの構造自体を単純で明快にすることが最初に必要です。

分かりやすい（構造の）ＷＥＢサイトのポイントは次のようになるでしょう。

分かりやすいWEBサイトのポイント

❶WEBサイト全体の構造そのものをなるべく単純化する。
❷冒頭のページでサイトの全体構造（全体地図）が分かるようにする。
❸サイト内のどのページに移動しても、全体地図とその中の現在地が分かるようにする。
❹どのページからも、希望場所（ページ）へ行けるようになるべくリンクを張る。

❹のリンクによる瞬間移動は、ネット上の仮想空間だからこそ可能であり、現実の構造物である図書館、美術館などでは不可能です。このリンク機能は「分かりやすさ」という観点からだけではなくネットならではの「使いやすさ」という観点で重要です。

ここでまとめた四つのポイントは、きわめて基本的なことばかりなので、多くのＷＥＢサイトがこれらの基本を忠実に守っています。逆に言えば、これらの基本構造のポイントを外すと、枝葉末節のことでいかに工夫しても、分かりやすいＷＥＢサイトを構築することはできません。

ただし、ＷＥＢサイトの分かりやすさを論じるのは、実務的場合に限られます。エンターテインメント、つまり、娯楽を目的とするＷＥＢサイトの場合、ＷＥＢサイトの中で迷ってしまうことを避ける必要はありません。それは「楽しい迷い」なのですから。ディズニーランドの中で迷って「分かりにくい」などと憤慨する人は少ないでしょう。

ルール11

聞き手を引率せよ。

▼常に聞き手に展望を与えよ。
▼聞き手が落伍していないか気配りせよ。

説明術⑫「繰り返しの劣化」に注意せよ

――なぞの車内アナウンス

　ある地方都市の市営バスに乗った時のことです。停留所でバスを発進させる直前に、運転士が毎回、ウニャウニャと何やら車内アナウンスで言うのです。私はその度に耳をそばだてていたのですが、どう神経を集中しても、何を言っているのかが聞き取れません。

　安全確認のために独り言のようにつぶやいているのではありません。マイクのスイッチを入れてメッセージを車内のスピーカーで流していましたから、間違いなく乗客に何かを伝えようとしているのです。

　初めは、方言で私だけが理解できないのかと思い、同乗していた地元出身の方に尋ねたところ、「(危ないので) 吊り革におつかまりください」と言っているのだそうです。しかも、方言を使っているわけではなく、言い方がぞんざいになっているだけ、とも教えてくれました。これでは乗客にその意図が伝わらず、危険防止のためにならないじゃないか、と憤ったものでした。

近所の子どもが幼い頃「アイスクリーム」を「チムー」と言っていたことを思い出しました。その「チムー」を思えば、どんな言葉も訳の分からない発音になり得るな、と妙に感心してしまいました。

――「慣れ」の恐ろしさ

運転士は同じセリフを一日に数十回、一年で何千回も言っているうちに、やがて、そのセリフに言い慣れ過ぎてしまったのでしょう。そのうちに「言葉を話す」という感覚からも遠くなり、さらに、乗客にある意図を伝えるという目的意識も、遠い彼方に置き忘れてしまったのでしょう。そしてただただ、条件反射のようにウニャウニャと不明瞭な音声を発するだけになってしまったのだろうと思います。

ところがこのウニャウニャは、私たちも十分犯す恐れのあるミスなのです。とくに業務上で同じ説明を繰り返さなければならない状況で起こりがちなミスです。

ホテルのフロントで、新しく来た宿泊客に対する説明は、恐らく同じ言葉の繰り返しでしょう。テーマパークの、乗り物の前で控えている説明員の説明も毎回、同じでしょう。ファスト・フード店では、キャンペーン・メニューの説明も朝から晩まで同じでしょう。

毎回、お客様にはっきりと伝わっているでしょうか？

また、お客様からの電話に出るときの、最初の「ハイ、〇〇でございます」も毎回同じでしょう。とくに「〇〇」が会社名の短縮形だったりする場合を考えてください。当然、応答している社員自身には、その「〇〇」はなじみがあるので理解できています。しかし、その会社に初めて電話しているお客様にとっては、ゆっくり言ってもらわないと聞き取れない可能性があります。

かく言う私自身も、同じプレゼンを繰り返していると、回数を重ねるほど、受講生の満足度が低くなるという失敗を体験しました。

お客様に「えっ？」と聞き返されたら、自分の話し方がウニャウニャになっている可能性を疑ってみるべきでしょう。

ルール12 繰り返しの劣化に注意せよ。

▼聞き返されたら要注意。
▼聞き手は「今日、初めて聞く」ことを忘れるな。
▼「伝える」気持ちを取り戻せ。

説明術⑬ 持ち時間を守れ

――セミナーの時間オーバー

先日、東京の四谷であるセミナーを受講しました。午後一時から五時までの半日コースでしたから、私は十分な時間を見込み、午後六時に新宿で人と会う約束をしていました。

ところがセミナーが終了したのは五時四〇分で、私はその人を待たせてしまったのです。セミナーが終了予定時刻を四〇分もオーバーしてしまった一番の理由はなんと、講師が、そもそも予定時刻に終わらせよう、という意志を持っていないことでした。

受講生に能力差があって、途中の実習時間が予定通りには終わらず、時間が大幅に遅れました。そのような場合、講師は臨機応変に時間調整をするべきです。しかしその講師は、あくまで初めに予定していたとおりに話そうとしたため、大幅に時間オーバーしたのです。

私自身がセミナーの講師やプレゼンなどをする際、事前に示した開始時刻と終了時刻を守ることは、最低限の品質保証義務だと思っています。時間帯を守らないセミナーなど、たとえば「録画時間一二〇分」と表示されているＤＶＤを買ったところ、実際には一〇〇分しか録画できなかった、というくらいひどい約束違反に思えます。

もちろん、人それぞれ価値観が違います。時間だけキッチリ守って内容の薄いセミナーより、時間をオーバーしても内容の濃いセミナーのほうがまし、という価値観を持つ人も多いでしょう。その講師は、後者の価値観を持つタイプだったようです。

――持ち時間に合わせて説明する

臨機応変に時間調整ができないことも、ある意味では「下手な説明」です。説明上手な人なら、同じテーマを「三日間コースでお願いします」と頼まれても「六時間でお願いします」と言われても、そしてたとえ「一〇分間でお願いします」と頼まれたとしても、その時間内で適切な説明をすることができます。

もちろん時間が短ければ、それなりに粗い説明しかできないのは当然です。しかし、その短い時間に応じた適切なダイジェスト版で説明できるのです。けっして一部を説明しているうちに時間切れになってしまう、というようなミスは犯しません。

それを可能にするのが内容を絞り込む「要約力」です。

ある説明をするのに、たとえば一万個の細かい話があるかもしれません。しかし、それをグループ別にまとめれば、一〇〇〇個の「要点」になるはずです。その一〇〇〇個の要点を、さらに大きなグループにまとめれば、一〇〇個の「さらに大きな要点」になるでしょう。同じく、その一〇〇個の要点は、たった一〇個の要点にまで凝縮できるのです。

三日間コースの研修なら一〇〇〇個の要点が話せるかもしれません。しかし「六時間でお願いします」と頼まれたら、一〇〇個の要点を説明すればよいのです。そして「一〇分でお願いします」と言われたら、一〇個の要点を説明するのです。

――「見出し」をつける

説明上手な人の頭の中では、このように、細かい話が階層構造の大、中、小項目に整理されているため、どのような時間ででも、適切に説明することができるのです。

脳内整理棚の各区画に貼られているラベルが「要点」です。そして、その引き出しに入っている情報が「詳細」だと考えてください。「詳細」を見ようと一つの区画を覗き込むと、そこにまたそれぞれラベルを貼った複数の区画を発見するはずです。

つまり一つの要点が、もう一段細かな複数の要点からなっているのです。これが脳内整理棚の

持ち時間に合わせた要約を話す

階層構造です。与えられた時間に応じて、適当な大きさの区画を選び、その区画内のラベルを順に読み上げているだけなのです。

このラベルは、新聞や雑誌での短い「見出し」のようなものです。私たちは、時間がない時は新聞の見出しに目を通すだけでも、世間のおおよその動向を知ることができます。各記事内の詳細な情報は、時間がある時に読めばよいわけです。もしも新聞に見出しがまったくなかったら、短時間に新聞からニュースの概要を取り出すことができません。

限られた時間で適切な説明をする秘訣は、自分の説明に大見出し、中見出し、小見出しを振っておくことです。時間の余裕がない時は大見出しだけをザッと話します。忙しい時に、新聞の見出しだけにザッと目を通すのと同じ原理です。自分の説明全体の中から、本質を抜き出し、見出しをつけておけば、状況に応じて適切な説明ができるのです。

ある情報が、脳内整理棚で階層構造にきれいに格納されているということは、その知識が「よく理解されている」という意味に他なりません。したがって「要約力をみがく方法」は、物事の本質をよく理解するように努めること、となるでしょう。自分が本質を理解していない事柄を、他人に「分かりやすく説明する」秘法などありません。

一方、聞き手にしても、大量に入ってくる情報を脳内関所で振り分け、要点だけを抽出したいと思っています。永久保管庫である脳内整理棚には、密度、純度の高い価値ある要点だけを格納したいからです。話し手が初めに要点を抽出してあげれば、脳内関所での作業が省けるので、聞き手が「分かりやすい！」と喜ぶのも当然です。

ルール13 持ち時間を守れ。

▼要約力をみがけ。

▼説明内容の要点を大、中、小の見出しに整理しておけ。

説明術 ⑭ 聞き手に合わせた説明をせよ

――「看板に偽りあり」の説明

私の油断から、国際的イベントで大失敗したことがあります。大量に事前配布されたパンフレットで、私が担当するプレゼンの説明文に間違いがあったのです。

私が担当したのは、新しいパソコン・ソフトの紹介でした。ところがその動作環境であるOS(Operating System の略語で、パソコン上でワープロや表計算ソフトを動かすための基本ソフトウェア)の表記に誤りがあったのです。OS名として正しくはWindowsと書かれるべきところに、Mac と書かれていたのです。

そのため、私のプレゼンは、集まってくださった方々の多くにとってひどい「看板に偽りあり」になってしまいました。たとえて言えば、ロック・コンサートだと思って席に着いたのに、幕が開いたらオペラだったというようなことです。

じつは、私がパンフレットのこのミスを知ったのは後日でした。当日は、そうとは知らず一生懸命プレゼンしていました。ロック・ファンの前で、何も気づかずオペラを上演していたわけです。集まってくださった方々は、私のプレゼンの品質などまったく関係なく、「話が違うぞ！」と怒っていたわけです。

――パンフレット作りから始まっている

私は、この失敗から、

①　説明内容の事前公示も重要。

②　聞き手に合わせなくては無意味。

という二つの教訓を得ました。

主催者側の一担当者が、プレゼンの内容をよく知らないまま、パンフレットの原案を作ることはよくあります。私の失敗の例もこのケースでした。ところが私は、自分の準備作業に追われ、そのパンフレットの原案をチェックするのを怠ってしまったのです。チェックを依頼されていたのに、期限までに返答しなかったのですから、明らかに責任は私にあります。

その頃、私は自分のプレゼンの品質を向上させるため、投影スライドの内容を改善したり、説明の根拠を充実させたりと大忙しでした。パンフレットの説明文には大した関心がなく、まさか、自分のプレゼンにそれほど大きな影響を与えるものだとは、夢にも思っていなかったのです。

プレゼンの準備には、延べで二週間ほどかかっていました。パンフレットの説明文のチェックなど一〇分もあればできたでしょう。その一〇分間の作業を手抜きしたため、二週間かけて準備したプレゼン自体を台無しにしてしまったのです。

プレゼン自体の品質以上に、短時間でチェックできたはずのパンフレットの説明文が「聞き手の満足度」に対して大きな影響力を持っていたのです。つまり「分かりやすい説明」の第一歩は、パンフレットにあったのです。

こうした認識を持てば、パンフレット、あるいは案内メールの作成にも責任を持つ姿勢になります。当日のプレゼンだけが自分の責任範囲で、それ以外の仕事は主催者側など他人任せ、という姿勢はとれないはずです。

――聞き手が誰かを確認する

「プレゼン」を「靴」に置き換えて考えてみましょう。

私の失敗は、いわば靴のサイズを間違えて表示したわけです。サイズの表示が間違っていた

お客に合わせたサイズを出す

ら、客がサイズの合わない靴を買ってしまい、その靴の品質がどんなによくても「金を返せ！」になってしまいます。

どんなによい靴でも、誰にでも合うわけではありません。靴は、そのサイズに合う人のためだけのものです。プレゼンも同様に、どんな聞き手も満足させられるわけではありません。事前に想定した聞き手のためだけに企画されているからです。

また、サイズを考えずに靴を作るのがバカげているように、誰が聞き手かを考えずに説明することもバカげています。逆に言えば「誰に」説明するのかを考え、相手によって説明の仕方は変えよ、ということです。

こんな当たり前のことは、いまさら言われなくても、と考える読者は多いでしょう。

しかし、たとえばプレゼン用の資料を作る際、意外にこの「聞き手が誰かを事前に決める」という基本が守られません。プレゼン用資料を、このプロセスをはっきり意識して作るのと、意識が曖昧なまま作業を進めるのとでは、分かりやすさに大きな差が出ます。それにもかかわらず、たいていの場合、資料作りは「ただ漫然と」進められます。

意識が曖昧なまま作業を進めるのは、誰が履くのか分からない靴を「ただ漫然と」作っているようなものです。その靴を履くのは男性か女性か？　どんな状況で履くのか？　サイズは？　そのようなことがまったく分からないまま作った靴は、誰が履いたらピッタリと合うのでしょう。

聞き手の人物像を、たとえば「主婦層」「新入社員」「中堅社員」「高齢者」「ネット未経験者」「男子高校生」などと想定し、それに応じた説明のシナリオを作るのは当然のことなのです。

――省ける説明・省けない説明

さらに、事前に説明相手の人物像を想定することには、もう一つメリットがあります。それは、準備する説明シナリオなどを点検する際、その想定した聞き手層に分かりやすいかどうかという明確な基準で点検作業ができるからです。

たとえば聞き手を「高齢者」かつ「ネット未経験者」と定義したとします。その場合、説明形態が講演であろうと取扱説明書であろうと「ダウンロード」という用語を使う必要があったとします。こんな時は「ちょっと待てよ『高齢者』かつ『ネット未経験者』に、この言葉が唐突に出てきて大丈夫かな？　この言葉の意味を最初に説明すべきではないか？」というようなチェックを行うことができます。

このようにして、対象とする聞き手に応じて、より分かりやすい説明に改善していくことが可能になります。

逆に、想定した聞き手によっては、その説明を省略することもできることになります。それによってムダな説明を省くことができ、説明全体のボリュームをコンパクトにして、聞き手の負担を軽くできるのです。

もちろん「説明を省く」のですから、逆に言えば、対象とする聞き手以外の人々には「分かりにくく」なります。これは「英会話上級者用」の本が、英会話初心者にとっては分かりにくいのもやむを得ないのと同じです。逆に「英会話初心者用」の本は、英会話上級者には分かりきったことばかりで、これまた満足を与えることはできません。

説明も同じで「誰にとっても分かりやすい説明」というものは存在しません。Aさんには「分

話し手だけが熱意を持っても……

かりやすい説明」でも、Bさんには「分かりにくい説明」になることもありえるのです。

――聞き手の熱意を推し量る

また、聞き手がどれだけ自分の話に関心を持っているかを読み誤ると失敗します。

あなたが、聞き手は自分の話に強い関心を持っていると考えているとします。するとあなたはきっと「強い関心を持っている聞き手は、きっと身を乗り出して聞くはずだ。だから少しくらい話が退屈でも、分かりにくくても、声が小さくても、聞き手は眠ったりしないで、話の内容を理解しようと努力して聞いてくれるはずだ」と考えるでしょう。その結果、聞き手に対する甘えが生じ「手抜き」をしてしまいがちです。

実際には聞き手がそれほど関心を持っていないのに、あなたがこのように誤解していたらどうでしょう？　聞き手は眠ってしまうに違いありません。

そこで、どうせ読み誤るなら「逆方向に」考えましょう。聞き手は自分の説明にはまったく関心を持っていない、という前提で説明したほうが、ずっとよい説明になります。聞き手が嫌気を起こさないよう「よく見えるように」「よく聞こえるように」「飽きないように」「よく分かるように」工夫しよう、との緊張感が生まれるからです。

――ＣＭ制作者に学ぶ

聞き手が自分の説明に関心を持っていないことを前提とする仕事は、テレビＣＭ制作かもしれません。

ＣＭ制作者が絶対犯してはならないミスは、視聴者の関心に対する勘違いです。ＣＭをトイレタイムとしか考えていない視聴者を、何とかトイレに立たせないよう、さまざまな工夫がなされます。わがままな王様である視聴者に、商品情報をなんとか「分かりやすく説明」しようと努力しているのです。

この姿勢は「分かりやすい説明」を目指す者には大いに参考になります。

――訴えたいことは何か？

ところで、テレビＣＭには優れた作品があります。しかしその一方で、よく分からない失敗ＣＭの例も、一つや二つすぐ思い当たるのではないでしょうか。

テレビＣＭのポイントを整理すれば次の三点です。

①　視聴者に注目してもらう。

②　商品名（または企業名）を覚えてもらう。

③　その商品（または企業）の優秀性を知ってもらう。

よく見かけるＣＭの失敗は、この三ポイントの優先順位を間違えているものです。たとえばポイント③に時間をかけ過ぎ、ポイント②の「商品名を覚えてもらう」ことに失敗しているＣＭです。いざ「テレビで見たアレを買おう」という時に「えーと、なんていう名前だっけ……」という経験をした方も多いはずです。

同じ優先順位の誤りで失敗しているＣＭで、ポイント①に全精力を使い果たしてしまい、ポイント②、③にかける時間がなくなってしまっているケースもあります。ポイント①の「視聴者の注意を引く」という点では大成功を収めているＣＭに、むしろこういう失敗を見かけます。

「視聴者の注意を引く」点では成功していますから、たいてい、非常に奇抜で印象深く、ちょっとした話題にもなっているCMです。ところが流行語を生み出すような有名CMなのに「ところで、あの、よく見る、おもしろいCM、なんのCMだっけ？」という経験をした方も、これまた多いはずです。

視聴者に知ってもらいたいのは「CM」そのものではなく「商品名」あるいは「企業名」のはずです。CMだけが独り歩きして、話題性の点で成功しても、はたしてCMとしては成功と言えるのでしょうか。

ルール14 聞き手に合わせた説明をせよ。

▼聞き手の持っている前提知識を知ってから説明せよ。
▼説明内容を事前に正しく知らせよ。
▼聞き手に、必要な前提知識を事前に正しく示せ。

説明術⑮ 聞き手を逃すな

――電話でのセールス

私は電話が嫌いです。電話は、状況とは無関係に即刻応答するよう強要するからです。その点メールなら、都合のよい時間に応答すればよいので、発信でも受信でも、電話より負担を感じません。他の人もそうだと思うので、仕事でも、メールですむことはメールでやり取りします。

電話嫌いな私が特別毛嫌いする電話があります。それは休日くつろいでいる時にかかってくる、宣伝、勧誘の電話です。よく迷惑メールが話題になりますが、休日の電話セールスの迷惑度は、迷惑メールの比ではありません。せっかくの休日のくつろぎ時間が、強制的に中断されてしまうからです。

さらに問題なのはその話しぶりです。

「あなたの貴重な時間を私たちのために割いてください」と、本来「お願い」をしなければならないのが電話セールスですから、それなりの丁寧さがあってしかるべきです。ところが、電話セールスの多くは、相手に迷惑をかけている意識などまるでないかのように、ズケズケと話し始めます。

相手を冒頭で不愉快な気分にしてからお願いを始めるのですから、まったく愚かな方法と言わざるを得ません。説明を聞くことを拒絶させようとするのですから、この手法も説明下手のりっぱな一例です。

少しでも配慮があれば、電話の冒頭でたとえばこんなふうに言うはずです。

「休日でおくつろぎのところ、電話で大変失礼致します。私どもは○○で、××という業務をしております。五分間ほどお時間をいただいてお話をさせていただいてもよろしいでしょうか？」

もちろん、こうした配慮をしたとしても、多くの人が「興味ありません」と電話を切るでしょう。しかし、休日の勧誘電話が迷惑であることの認識さえない横柄で無礼な電話より、少しは話を聞いてくれる人は増えるはずです。

――糖衣錠のテクニック

このような、冒頭で相手に拒絶の姿勢を取らせる説明は、ひどく苦い薬をそのまま飲ませるよ

甘い薬ならスムーズに飲んでもらえる！

うなものです。しかし幸い、苦い薬も楽に飲める糖衣錠（表面を糖分でコーティング加工した錠剤）があります。糖衣錠ならどんなひどい味の薬でもスムーズに飲み込めます。

糖衣錠の手法は分かりやすい説明にも応用できます。

たとえば、聞き手の持論に反対する場合、当然、聞き手の拒絶が予想されます。話し手の意図を察知してしまえば、もはや聞く耳を持たなくなるかもしれません。そうなったら、いくら熱心に説明しても、その情報は聞き手の耳より奥になかなか入っていけません。

苦い薬がそのままでは飲み込みにくいのと同じです。

聞き手にとっての苦い薬は、反対意見だけではありません。

誤りを指摘されたり、改善を要求されたり、叱責する言葉なども「耳の痛い話」で、聞き手にとっては逃げ出したい話題です。

また、関心のない商品の説明なども「勘弁してほしい。時間がもったいない」と、これまた拒絶したくなります。

――隠して届ける

こうした拒否、拒絶が予想される説明の場合は、糖衣錠のテクニックが重要です。聞き手が嫌うポイントをとりあえず隠し、話し手の意図を聞き手の脳内整理棚まで届けてしまうのです。

ちなみに糖衣錠のテクニックを悪用することに長けているのは、詐欺師や悪徳宗教、悪徳商法でしょう。笑顔、やさしい言葉、心地よい音楽、ゆっくりとした語り口調といった糖分コーティングによって、毒を飲ませようと狙っているのです。

報道などですでに悪名が広まっている場合、その名を隠す行為なども糖衣錠テクニックに含まれます。あるいは、たとえば「宗教への勧誘」という目的自体も隠し「宝石の特別価格での販売会」「アメリカ古典ジャズの研究会」などと、およそ宗教勧誘とはかけ離れた名目の集いを偽装する場合もあります。これらも、りっぱな糖衣錠テクニックです。

その目的は論外として、聞き手の拒否の姿勢を糖衣錠テクニックで切り抜ける手法は、学ぶべき点もあります。

――聞き手が不快に思うこと

説明で聞き手が嫌がる苦味とはどんな点でしょうか？　基本的には、説明を聞く上での不快感、心地悪さのすべてです。思いつくまま列挙してみましょう。

① 関心のない話を聞かされる。
② 早口で分かりにくい。
③ 声が小さくて聞きづらい。
④ 暑い（寒い）。
⑤ 飽きる。
⑥ 時間がムダ。
⑦ 理解できないと恥をかくのでは。
⑧ 説明がうんざりするほど長い。

⑨ **バカバカしい。**

まだまだ他にもあって、キリがありません。

それでは、糖衣錠テクニックでこれらの苦味をどのように回避するのでしょうか？

――不快感を和らげる

糖衣錠テクニックの基本は「隠す」ことです。

「暑い（寒い）」の不満を「隠す」というのは表現が奇妙ですが、たとえばプレゼンなどでは、会場の空調環境などに注意を払うのも講師の責任です。

「理解できないと恥をかくのでは」も聞き手に与えるりっぱな不快感です。「自分がバカにされるのではないか」という不安感、苦味です。聞き手に恥を感じさせないのが上手な説明、分かりやすい説明です。

友人からおもしろいたとえ話を聞きました。たとえば「馬の足の本数は三本である」と信じている人に「馬の足は四本」であることを説得するには、それなりの工夫が必要だというのです。

説明下手な人は、

「馬の足は三本？　バッカじゃねえかおまえ！　馬の足が四本なんて幼児でも知ってるぞ。眼医者で検査でもしてもらえ！」

などと言ってしまい、相手を不愉快にさせ、それ以上聞いてもらえなくなるでしょう。

一方、説明上手な人なら、誇張すれば、

「そうですよね、馬の足は三本ですよね。それは私も知っています。ところが最近、妙な体験をしたんです。この前、あそこの草原を通ったら、もちろん大部分の馬の足は三本だったんですが、中に時々、四本足の馬をみつけたんです。馬の足は三本と決まっているのに、四本足の馬もいるのかもしれませんね。今度、馬を見かけたら、四本足の馬がいないか探してみてください」

などと、聞き手に恥ずかしい思いをさせずに説明すべきだというのです。

聞き手の意見に一部同意して、やんわりと優しく自分の主張を言う。聞き手がどんなに誤っていても、露骨に聞き手のプライドを傷つけない。これも糖衣錠テクニックです。

——ＣＭの手法

この他「関心のない話を聞かされる」「説明がうんざりするほど長い」に対する糖衣錠テクニックは、冒頭で注意を引くようなおもしろい話を用意したり、聞き手に「うんざり感」を与えないように、話を簡潔に、要点を絞るなどの工夫でしょう。

さらに説明したい話の骨子、結論を先に与えてしまい、後から、ゆっくりとその裏付け説明をするなども有効でしょう。結論だけ聞けば、それで目的は足りる、後は聞かなくていい、と聞き手の希望次第で、自ら席を立つなどの手段で自在に時間短縮できるからです。

ところで「関心のない話を聞かされる」と言えば、視聴者に興味のない商品のテレビCMもこれに該当します。そこでテレビ番組の制作者は、巧みに糖衣錠のテクニックを用いています。

たとえばテレビで映画を放映する場合、開始間もない時間帯にCMで頻繁に映画を中断すると、視聴者が映画の世界に十分入り込めません。その結果チャンネルを変えられてしまう可能性が高くなり、その映画番組の視聴率が低くなってしまうのだそうです。

そこで、最初はあまりCMを入れず、三〇分近く映画を続けて放映します。そうすると視聴者は、十分に映画の世界に入り込んでしまいます。こうなると映画の続きを見たい気持ちになっていますから、多少、頻繁にCMで映画が中断されてもチャンネルを変えられることはなく、視聴率を確保できるのだそうです。

この冒頭に三〇分連続して放映することが、テレビの糖衣錠テクニックです。後半に頻繁に流すCMの不快さという苦味を、これでカムフラージュしているのです。

このように、聞き手が逃げ出さないように工夫する糖衣錠テクニックは、分かりやすい説明に欠かせないテクニックです。

ルール15　聞き手を逃すな。

▼聞き手の不快感を解消せよ。

第4章

「分かりやすい説明」のチェックポイント

――簡単で当たり前のルール

ここまで述べてきた分かりやすい説明のための一五のルールは、ごく当たり前のことばかりです。ところが、みなさんもお感じのように、世の中のいろいろな「説明」を聞くと、その当たり前が守られていない例があまりにも多いのです。

それは、この本で紹介した説明術が、当たり前だけれども実行するのがむずかしいからでしょうか？　あるいは、この本に書いたことは筆者の独り善がりだからでしょうか？

いいえ、その気になれば実行することはむずかしくありません。そして実行しさえすれば、確実に「分かりやすく」なるはずです。このことは第1章で紹介した、私の部下のプレゼンで実証ずみです。みなさんも、この本で紹介した説明術を身につければ、分かりやすい説明ができるようになるのです。

そこで第4章では、ここまでお話ししてきた「分かりやすい説明」をするための一五のルールを改めて列記します。でも「なんだ、繰り返しか！」などと思わないでください。

何か役立つ事柄を本で読んで、その時には感心、納得しても、読み終わったら、いつの間にか忘れてしまうものです。楽しみとして読む小説なら、それでも構わないでしょう。しかし、本書を手にしたみなさんは、説明上手になりたいと思って読まれたはずです。それなのに読んだ内容を忘れてしまっては、何も読まなかったのと同じです。「説明上手になりたい」と願って本書を読んでくださったみなさんには、お話しした説明術を是非、身につけていただき、実際の説明のシーンで上達ぶりを実感していただきたいのです。

たとえば、巧く泳ぐことは簡単ではありません。仮に、巧く泳ぐための秘訣がやはり一五あったとします。それらの秘訣を完全に暗記したとしても、実際に水泳の達人になることはできません。それらの秘訣を実際にできるようになるためには、あきるほど練習を繰り返す必要があるからです。

これに対して説明の技術は、各ルールを意識するだけで、格段に説明上手になれます。水泳の技術は暗記しただけでは役に立ちませんが、説明術のルールは、暗記するだけで即効性が期待できます。泳ぐことは「体で行う行為」であるのに対し、説明は基本的には「脳で行う行為」だからでしょう。

——音読の勧め

つまり説明上手になるには、本書で述べた一五のルールを、確実に記憶に定着させることだけで十分に効果があります。

記憶に定着させる秘訣は、反復です。新しい英単語を覚えようとするとき、二、三回声に出して読んだだけでは、翌日になれば忘れてしまいます。しかし、繰り返し書いたり読んだりしていれば、やがて記憶に定着します。

とは言っても、本書を始めから終わりまで、何度も読み返すほど暇な人はいないでしょう。そこで、お勧めするのが、この第4章でまとめた一五のルールを音読することです。一日一回、この一五のルールをゆっくり音読し、それを一〇日間だけ続けていただきたいのです。

音読するなどバカバカしく聞こえるかもしれません。しかし、一〇日間の音読後、それから数日後か数週間後、あるいは何ヵ月後かのある日、あなたが何らかの説明をしなければならない状況に立たされた時、ここで定着させたいくつかの説明術のルールが、必ず脳裏をよぎるでしょう。その時、あなたは説明の達人という新しい自分に近づけるはずです。

小学生の時、かけ算の九九を、ほんの三週間ばかり声に出して反復練習したことを思い出してください。たった三週間の時間投資で、算数の基礎知識としての九九が、しっかりとあなたの生涯の財産となったではありませんか。説明術も同じです。ほんの一〇日間の時間投資で永遠にあなたのものとなります。さあ、恥ずかしがらずに音読を始めてみましょう。

ルール1

タイムラグの存在を知れ。

▼聞き手が脳内整理棚を準備中はゆっくり話すなどして待て。
▼聞き手の脳内整理棚がいつ準備完了するかに注視せよ。
▼聞き手の脳内整理棚の準備が完了してから情報を送れ。

ルール2

タイムラグを短縮せよ。

▼概要を先に与えよ。
▼聞き手の脳内整理棚選定作業を詳細情報で邪魔するな。

ルール3

「間」を置きながら、しみ入るように話せ。

▼意味別の区切りごとに小休止を取れ。
▼キーポイントを話した直後に小休止を取れ。
▼複雑な概念を話す時は小休止を多用せよ。

ルール4

具体性と抽象性のバランスを取れ。

▼意識して範囲指定せよ。

▼範囲を推測させる具体例を挙げよ。

▼大分類名ではなく、小分類名で語れ。

▼全体説明と部分説明との間を適宜、行き来せよ。

ルール5

説明もれに気づけ。

▼第三者に事前チェックしてもらえ。

▼聞き手の立場を想像せよ。

ルール6

情報構造を浮かび上がらせよ。

▼重複、ムダを整理せよ。

▼大項目、小項目の関係を明示せよ。
▼対比関係、同列関係を明示せよ。
▼キーポイントを添えよ。

ルール7
キーワードを使え。

ルール8
論理的な主張をせよ。
▼主張の裏付けを用意せよ。
▼承認ずみの主張は「新しい裏付け」として再利用せよ。
▼分かりやすさの障害となる非論理的な弱点部分は隠せ。

ルール9
聞き手が知っている事例にたとえよ。
▼格言、ことわざを普段から仕入れよ。

ルール10
聞き手の注意を操作せよ。
▼要点を話す前に「問いかけ」で注視させせよ。
▼「まとめ言葉」で聞き手の整理を助けよ。

ルール11
聞き手を引率せよ。
▼常に聞き手に展望を与えよ。
▼聞き手が落伍していないか気配りせよ。

ルール12
繰り返しの劣化に注意せよ。
▼聞き返されたら要注意。
▼聞き手は「今日、初めて聞く」ことを忘れるな。
▼「伝える」気持ちを取り戻せ。

ルール13
持ち時間を守れ。

▼要約力をみがけ。
▼説明内容の要点を大、中、小の見出しに整理しておけ。

ルール14
聞き手に合わせた説明をせよ。

▼聞き手の持っている前提知識を知ってから説明せよ。
▼説明内容を事前に正しく知らせよ。
▼聞き手に、必要な前提知識を事前に正しく示せ。

ルール15
聞き手を逃すな。

▼聞き手の不快感を解消せよ。

おわりに

本書を終えるに当たって「分かりやすい説明」が、単純に「よいこと」なのか、を改めて考えてみたいと思います。

こんなことを言うと、ここまで読んでこられた読者のみなさんは唐突に思われるでしょう。確かに本書の冒頭では、健康にとってサラサラ流れる血液が必要なように、情報が円滑に流れる「分かりやすい説明」は、世の中にとって必要なことだと書いているのですから。

しかし、こういう問題提起もできないでしょうか。

私たちが例外なく聞き手になる説明は「授業」です。学校で、予備校で、自動車教習所で、コンピューターの講習会で、いろいろな形の授業を受けます。

私は、大学の教授、准教授、講師のみなさんに「分かりやすい授業」をテーマとする講演を行ったことがあります。

講演終了後には、みなさんとのフリー・ディスカッションの時間を持ちました。その時には質問だけではなく、自由に意見、感想も述べてもらいました。

そして、一人の方からまったく予期せぬ意見をいただいたのです。

「分かりやすい授業とは、本当によいことなのでしょうか？」

という問題提起でした。

私は、あまりに唐突なご指摘だったので、瞬時にはその意味を理解できませんでした。

私にとって「分かりやすい表現」や「分かりやすい説明」は、社会を効率よく回転させる「絶対善」だったからです。ですからこの問題提起に、最初はかなりとまどいました。

私は民間企業の社員なので、私の説明の聞き手は、たいていお客様です。つまり自分の説明がお客様にとって分かりやすいことは、絶対的な善でした。しかし今になって考えると、私はこうした自分自身の個人的環境にとらわれて、固定観念に陥っていたのです。

この問題提起をした方は、大学教授でしたから、その方の説明の聞き手は当然学生です。大学といえども経営上では、学生は授業料を払う大切なお客様です。しかし企業人の私がお客様を「おもてなし」するように、大学教授は学生を「おもてなし」するべきでしょうか？

「分かりやすい授業とは、よいことなのでしょうか？」という問題提起の趣旨を、たとえ話で説明しましょう。

最近の子どもはアゴの発育がよくないそうです。原因は、柔らかい物ばかり食べているからだそうです。

たしかに柔らかい食品のほうが食べやすく、喜ばれます。しかしその一方で、柔らかい食品はアゴの筋肉を怠けさせ、アゴの骨の発育をさまたげます。噛む力を徐々に失い、その結果、アゴが貧弱になったというわけです。

「分かりやすい授業」は、この「柔らかい食品」と同じ弊害を生むのではないか、というのが、問題提起した先生のご指摘でした。つまり「分かりやすい授業」ばかり聞いている学生は「なぜだろう?」という自分自身で考える力を失っていくのではないか、と言うのです。

「分かりにくい質問」で鍛えるのが禅問答です。いつも悪者にされる「分かりにくさ」も禅問答では、よき師を演じているわけです。難解で意味不明な質問をされることで弟子は悩み、考え、その結果、深い深い洞察に至るわけです。「分かりにくさ」によって、遠回りしながらも、深い理解を生み出しているわけです。

この禅問答とは逆に「分かりやすい授業」は学生の自分で考える力を奪い、頭脳を弱くしている、という主張です。

授業料を払うお客様である学生に、その見返りに大学教育が与えようとするものは、固定的な「知識」ではなく「自分で問題を解決する能力」のはずです。激変する現実社会に役立つのは「知識」よりも「自分で問題を解決する能力」だからです。

その意味で、学生に本当に役に立つ「自分で考える力」を与えるためには「過剰に分かりやすく、親切過ぎる授業は問題」とのご指摘は、妥当なご意見だと思います。

もちろん、工夫をこらし、学生を鍛える意図をもった「分かりにくい授業」ならよいのですが、教師の怠慢や独り善がりに起因する「分かりにくい授業」は、禅問答とは似ても似つかぬ困りものでしょう。

私は、なるほどなぁと、そのご指摘に感心しました。これは、本書で紹介したルール14の「聞き手に合わせた説明」ではないでしょうか。

「柔らかい食品」が絶対善でないように、「分かりやすい説明」も絶対善ではないようです。子どもが喜ぶ柔らかい食品が真に子どものためになるわけではありません。同様に「分かりやすい授業」も「過ぎたるはなお及ばざるが如し」です。安易に喜ばれることが最高のサービスではないのかもしれません。

N.D.C.809.2　183p　18cm

ブルーバックス　B-2286

「分《わ》かりやすい説明《せつめい》」の技術《ぎじゅつ》　新装版《しんそうばん》
最強のプレゼンテーション15のルール

2025年3月20日　第1刷発行

著者　藤沢晃治《ふじさわこうじ》
発行者　篠木和久
発行所　株式会社講談社
〒112-8001 東京都文京区音羽2-12-21
電話　出版　03-5395-3524
販売　03-5395-5817
業務　03-5395-3615
印刷所　(本文印刷) 株式会社ＫＰＳプロダクツ
(カバー表紙印刷) 信毎書籍印刷株式会社
本文データ制作　講談社デジタル製作
製本所　株式会社国宝社

定価はカバーに表示してあります。

ISBN978−4−06−538625−5

発刊のことば

科学をあなたのポケットに

　二十世紀最大の特色は、それが科学時代であるということです。科学は日に日に進歩を続け、止まるところを知りません。ひと昔前の夢物語もどんどん現実化しており、今やわれわれの生活のすべてが、科学によってゆり動かされているといっても過言ではないでしょう。

　そのような背景を考えれば、学者や学生はもちろん、産業人も、セールスマンも、ジャーナリストも、家庭の主婦も、みんなが科学を知らなければ、時代の流れに逆らうことになるでしょう。

　ブルーバックス発刊の意義と必然性はそこにあります。このシリーズは、読む人に科学的に物を考える習慣と、科学的に物を見る目を養っていただくことを最大の目標にしています。そのためには、単に原理や法則の解説に終始するのではなくて、政治や経済など、社会科学や人文科学にも関連させて、広い視野から問題を追究していきます。科学はむずかしいという先入観を改める表現と構成、それも類書にないブルーバックスの特色であると信じます。

一九六三年九月

野間省一

ブルーバックス　技術・工学関係書 (I)

495 人間工学からの発想　小原二郎
911 電気とはなにか　室岡義広
1084 図解 わかる電子回路　加藤 肇／見城尚志／高橋 久
1128 原子爆弾　山田克哉
1236 図解 飛行機のメカニズム　柳生 一
1346 図解 ヘリコプター　鈴木英夫
1396 制御工学の考え方　木村英紀
1452 流れのふしぎ　石綿良三／根本光正＝著　日本機械学会＝編
1469 量子コンピュータ　竹内繁樹
1483 新しい物性物理　伊達宗行
1520 図解 鉄道の科学　宮本昌幸
1545 高校数学でわかる半導体の原理　竹内 淳
1553 図解 つくる電子回路　加藤ただし
1573 手作りラジオ工作入門　西田和明
1624 コンクリートなんでも小事典　土木学会関西支部＝編　井上 晋 他
1660 図解 電車のメカニズム　宮本昌幸＝編著
1676 図解 橋の科学　土木学会関西支部＝編　田中輝彦／渡邊英一 他
1696 ジェット・エンジンの仕組み　吉中 司
1717 図解 地下鉄の科学　川辺謙一
1797 古代日本の超技術 改訂新版　志村史夫
1817 東京鉄道遺産　小野田 滋
1845 古代世界の超技術　志村史夫
1866 暗号が通貨《カネ》になる「ビットコイン」のからくり　吉本佳生／西田宗千佳
1871 アンテナの仕組み　小暮裕明／小暮芳江
1879 火薬のはなし　松永猛裕
1887 小惑星探査機「はやぶさ2」の大挑戦　山根一眞
1909 飛行機事故はなぜなくならないのか　青木謙知
1938 門田先生の3Dプリンタ入門　門田和雄
1940 すごいぞ！ 身のまわりの表面科学　日本表面科学会
1948 すごい家電　西田宗千佳
1950 実例で学ぶRaspberry Pi電子工作　金丸隆志
1959 図解 燃料電池自動車のメカニズム　川辺謙一
1963 交流のしくみ　森本雅之
1968 脳・心・人工知能　甘利俊一
1970 高校数学でわかる光とレンズ　竹内 淳
2001 人工知能はいかにして強くなるのか？　小野田博一
2017 人はどのように鉄を作ってきたか　永田和宏
2035 現代暗号入門　神永正博
2038 城の科学　萩原さちこ
2041 時計の科学　織田一朗
2052 カラー図解 Raspberry Piではじめる機械学習　金丸隆志

ブルーバックス　技術・工学関係書（II）

2056 新しい1キログラムの測り方　臼田 孝
2093 今日から使えるフーリエ変換　普及版　三谷政昭
2103 我々は生命を創れるのか　藤崎慎吾
2118 道具としての微分方程式　偏微分編　斎藤恭一
2142 ラズパイ4対応　カラー図解　最新Raspberry Piで学ぶ電子工作　金丸隆志
2144 5G　岡嶋裕史
2172 スペース・コロニー　宇宙で暮らす方法　東京理科大学スペース・コロニー研究センター=編・著　向井千秋=監修・著
2177 はじめての機械学習　田口善弘

ブルーバックス　パズル・クイズ関係書

921 自分がわかる心理テスト　桂　戴作＝監修　芦原　睦
1063 自分がわかる心理テストPART2　芦原　睦＝監修
1353 算数パズル「出しっこ問題」傑作選　仲田紀夫
1366 数学版　これを英語で言えますか？　エドワード・ネルソン＝監修　保江邦夫
1368 論理パズル「出しっこ問題」傑作選　小野田博一
1419 パズルでひらめく　補助線の幾何学　中村義作
1423 史上最強の論理パズル　小野田博一
1453 大人のための算数練習帳　図形問題編　佐藤恒雄
1474 クイズ　植物入門　田中　修
1720 傑作！　物理パズル50　ポール・G・ヒューイット＝作　松森靖夫＝編訳
1833 超絶難問論理パズル　小野田博一
2039 世界の名作　数理パズル100　中村義作
2104 トポロジー入門　都築卓司
2120 子どもにウケる科学手品　ベスト版　後藤道夫
2174 論理パズル100　小野田博一

ブルーバックス　事典・辞典・図鑑関係書

325 現代数学小事典 寺阪英孝＝編
569 毒物雑学事典 大木幸介
1084 図解　わかる電子回路 加藤　肇／見城尚志／高橋　久
1150 音のなんでも小事典 日本音響学会＝編
1188 金属なんでも小事典 増本　健＝監修　ウォーク＝編著
1439 味のなんでも小事典 日本味と匂学会＝編
1484 単位171の新知識 星田直彦
1614 料理のなんでも小事典 日本調理科学会＝編
1624 コンクリートなんでも小事典 土木学会関西支部＝編　井上　晋＝他
1642 新・物理学事典 大槻義彦／大場一郎＝編
1653 理系のための英語「キー構文」46 原田豊太郎
1660 図解　電車のメカニズム 宮本昌幸＝編著
1676 図解　橋の科学 土木学会関西支部＝編　田中輝彦／渡邊英一＝他
1761 声のなんでも小事典 和田美代子　米山文明＝監修
1762 完全図解　宇宙手帳 渡辺勝巳／JAXA（宇宙航空研究開発機構）＝協力
2028 元素118の新知識 桜井　弘＝編
2161 なっとくする数学記号 黒木哲徳
2178 数式図鑑 横山明日希

ブルーバックス　コンピュータ関係書

1084 図解　わかる電子回路　加藤　肇／見城尚志／高橋　久
1769 入門者のExcel VBA　立山秀利
1783 知識ゼロからのExcelビジネスデータ分析入門　住中光夫
1791 卒論執筆のためのWord活用術　田中幸夫
1802 実例で学ぶExcel VBA　立山秀利
1825 メールはなぜ届くのか　草野真一
1850 入門者のJavaScript　立山秀利
1881 プログラミング20言語習得法　小林健一郎
1926 SNSって面白いの？　草野真一
1950 実例で学ぶRaspberry Pi電子工作　金丸隆志
1962 脱入門者のExcel VBA　立山秀利
1989 入門者のLinux　奈佐原顕郎
1999 カラー図解　Excel「超」効率化マニュアル　立山秀利
2001 人工知能はいかにして強くなるのか？　小野田博一
2012 カラー図解　Javaで始めるプログラミング　高橋麻奈
2045 サイバー攻撃　中島明日香
2049 統計ソフト「R」超入門　逸見　功
2052 カラー図解　Raspberry Piではじめる機械学習　金丸隆志
2072 入門者のPython　立山秀利
2083 ブロックチェーン　岡嶋裕史
2086 Web学習アプリ対応　C語入門　板谷雄二
2133 高校数学からはじめるディープラーニング　金丸隆志
2136 生命はデジタルでできている　田口善弘
2142 ラズパイ4対応　カラー図解　最新Raspberry Piで学ぶ電子工作　金丸隆志
2145 LaTeX超入門　水谷正大

ブルーバックス　宇宙・天文関係書

1394 ニュートリノ天体物理学入門　小柴昌俊
1487 ホーキング　虚時間の宇宙　竹内　薫
1592 発展コラム式　中学理科の教科書　第2分野（生物・地球・宇宙）　石渡正志／滝川洋二＝編
1697 インフレーション宇宙論　佐藤勝彦
1728 ゼロからわかるブラックホール　大須賀　健
1731 宇宙は本当にひとつなのか　村山　斉
1762 完全図解　宇宙手帳　渡辺勝巳／JAXA（宇宙航空研究開発機構）＝協力
1799 宇宙になぜ我々が存在するのか　村山　斉
1806 新・天文学事典　谷口義明＝監修
1861 発展コラム式　中学理科の教科書　改訂版　生物・地球・宇宙編　石渡正志／滝川洋二＝編
1887 小惑星探査機「はやぶさ2」の大挑戦　山根一眞
1905 あっと驚く科学の数字　数から科学を読む研究会
1937 輪廻する宇宙　横山順一
1961 曲線の秘密　松下泰雄
1971 へんな星たち　鳴沢真也
1981 宇宙は「もつれ」でできている　ルイーザ・ギルダー／山田克哉＝監訳／窪田恭子＝訳
2006 宇宙に「終わり」はあるのか　吉田伸夫
2011 巨大ブラックホールの謎　本間希樹
2027 重力波で見える宇宙のはじまり　ピエール・ビネトリュイ／安東正樹＝監訳／岡田好恵＝訳
2066 宇宙の「果て」になにがあるのか　戸谷友則
2084 不自然な宇宙　須藤　靖
2124 時間はどこから来て、なぜ流れるのか？　吉田伸夫
2128 地球は特別な惑星か？　成田憲保
2140 宇宙の始まりに何が起きたのか　杉山　直
2150 連星からみた宇宙　鳴沢真也
2155 見えない宇宙の正体　鈴木洋一郎
2167 三体問題　浅田秀樹
2175 爆発する宇宙　戸谷友則
2176 宇宙人と出会う前に読む本　高水裕一
2187 マルチメッセンジャー天文学が捉えた新しい宇宙の姿　田中雅臣